落其实者思其树，饮其流者怀其源。

谨以此书感谢香港意得集团有限公司对满文古籍文献事业发展的

重视以及对满文档案整理研究工作的大力支持。

“十四五”国家重点出版物出版规划项目

国家出版基金项目
NATIONAL PUBLICATION FOUNDATION

清代黑龙江户口档案选编

鄂伦春索伦达呼尔贡貂牲丁册

光绪朝

第五册

黑龙江省档案馆　黑龙江大学满学研究院◎编

黑龙江大学出版社

图书在版编目（CIP）数据

清代黑龙江户口档案选编．鄂伦春索伦达呼尔贡貂牲丁册．光绪朝 / 黑龙江省档案馆，黑龙江大学满学研究院编．-- 哈尔滨 : 黑龙江大学出版社，2023.12
ISBN 978-7-5686-1075-9

Ⅰ．①清… Ⅱ．①黑… ②黑… Ⅲ．①户籍－历史档案－档案整理－黑龙江省－清代 Ⅳ．① K293.5

中国国家版本馆 CIP 数据核字（2023）第 254625 号

清代黑龙江户口档案选编 · 鄂伦春索伦达呼尔贡貂牲丁册（光绪朝）
QINGDAI HEILONGJIANG HUKOU DANG'AN XUANBIAN · ELUNCHUN SUOLUN DAHU'ER GONGDIAO SHENGDINGCE（GUANGXU CHAO）
黑龙江省档案馆　黑龙江大学满学研究院　编

策　　划　戚增媚　陈连生
责任编辑　魏　玲
出版发行　黑龙江大学出版社
地　　址　哈尔滨市南岗区学府三道街 36 号
印　　刷　哈尔滨市石桥印务有限公司
开　　本　880 毫米 ×1230 毫米　1/16
印　　张　200
字　　数　2562 千
版　　次　2023 年 12 月第 1 版
印　　次　2023 年 12 月第 1 次印刷
书　　号　ISBN 978-7-5686-1075-9
定　　价　1280.00 元（全十册）

本书如有印装错误请与本社联系更换，联系电话：0451-86608666。

目录

管理布特哈索伦达呼尔等处地方副都统衔总管诺穆德勒赫尔等为呈报摩凌阿鄂伦春贡貂牲丁旗佐职名册致黑龙江将军（光绪三年六月二十四日） 1
正红旗阿穆丕木巴牛录贡貂牲丁职名册 1
正红旗托精阿牛录贡貂牲丁职名册 4
正红旗德迷善牛录贡貂牲丁职名册 6
镶白旗和寿牛录贡貂牲丁职名册 7
镶红旗正常牛录贡貂牲丁职名册 9
正蓝旗巴尼遴扎布牛录贡貂牲丁职名册 11
管理布特哈索伦达呼尔等处地方副都统衔总管诺穆德勒赫尔等为呈报布特哈不食饷雅发罕鄂伦春贡貂牲丁旗佐职名册致黑龙江将军（光绪三年六月二十四日） 17
镶黄旗鄂伦春德济木保牛录贡貂牲丁职名册 17
镶黄旗鄂伦春爱图山牛录贡貂牲丁职名册 34
镶黄旗鄂伦春吉隆阿牛录贡貂牲丁职名册 47
正白旗毕拉尔额勒图牛录贡貂牲丁职名册 52
正白旗毕拉尔德木清额牛录贡貂牲丁职名册 56
正红旗鄂伦春托精阿牛录贡貂牲丁职名册 66
镶白旗鄂伦春和寿牛录贡貂牲丁职名册 68
正蓝旗鄂伦春巴尼遴扎布牛录贡貂牲丁职名册 77
【贡貂牲丁职名册】（光绪五年六月二十一日） 83
【镶黄旗鄂伦春】爱图山牛录贡貂牲丁职名册 97
【镶黄旗鄂伦春】吉隆阿牛录贡貂牲丁职名册 109
正白旗毕拉尔额勒图牛录贡貂牲丁职名册 113
正白旗毕拉尔德木清额牛录贡貂牲丁职名册 117
正红旗鄂伦春托精阿牛录贡貂牲丁职名册 126
镶白旗鄂伦春和寿牛录贡貂牲丁职名册 128
正蓝旗鄂伦春巴尼遴扎布牛录贡貂牲丁职名册 136

【贡貂牲丁职名册】（光绪六年六月二十九日） 143
【镶黄旗鄂伦春】爱图山牛录贡貂牲丁职名册 153
【镶黄旗鄂伦春】吉隆阿牛录贡貂牲丁职名册 165
正白旗毕拉尔布喇特琛牛录贡貂牲丁职名册 170
正白旗毕拉尔德木清额牛录贡貂牲丁职名册 175
正红旗鄂伦春托精阿牛录贡貂牲丁职名册 184
镶白旗鄂伦春和寿牛录贡貂牲丁职名册 187
正蓝旗鄂伦春巴尼遴扎布牛录贡貂牲丁职名册 196
管理布特哈索伦达呼尔等处地方副都统衔总管诺穆德勒赫尔等为呈报食饷摩凌阿鄂伦春贡貂牲丁旗佐职名册致黑龙江将军（光绪十一年六月十九日） 203
正红旗都隆阿牛录贡貂牲丁职名册 203
正红旗托精阿牛录贡貂牲丁职名册 206
正红旗德迷善牛录贡貂牲丁职名册 208
镶白旗和寿牛录贡貂牲丁职名册 209
镶红旗正常牛录贡貂牲丁职名册 211
正蓝旗巴尼遴扎布牛录贡貂牲丁职名册 213
管理布特哈索伦达呼尔等处地方副都统衔总管诺穆德勒赫尔等为呈报索伦达呼尔贡貂牲丁旗佐职名册致黑龙江将军（光绪十一年六月十九日） 219
镶黄旗赍吉善牛录贡貂牲丁职名册 219
镶黄旗保元牛录贡貂牲丁职名册 223
镶黄旗音登托克托牛录贡貂牲丁职名册 229
镶黄旗德勒顺牛录贡貂牲丁职名册 233
镶黄旗布空阿牛录贡貂牲丁职名册 237
镶黄旗成明牛录贡貂牲丁职名册 242
镶黄旗拉新吐牛录贡貂牲丁职名册 246
镶黄旗莫墨和济牛录贡貂牲丁职名册 247
镶黄旗奇普松武牛录贡貂牲丁职名册 251
镶黄旗常云牛录贡貂牲丁职名册 255
镶黄旗讷恩登额牛录贡貂牲丁职名册 259
镶黄旗巴凌阿牛录贡貂牲丁职名册 260
正黄旗萨彬吐牛录贡貂牲丁职名册 262
正黄旗奇石巴牛录贡貂牲丁职名册 269
正黄旗兴福牛录贡貂牲丁职名册 277
正黄旗瑞庆牛录贡貂牲丁职名册 282
正黄旗同克牛录贡貂牲丁职名册 292
正黄旗乌克都喜牛录贡貂牲丁职名册 296

正黄旗黑狗牛录贡貂牲丁职名册 301
正黄旗乌勒兴阿牛录贡貂牲丁职名册 306
正黄旗常云阿牛录贡貂牲丁职名册 309
正黄旗三布牛录贡貂牲丁职名册 313
正黄旗托普升额牛录贡貂牲丁职名册 317
正黄旗倭克精阿牛录贡貂牲丁职名册 323
正黄旗西朗阿牛录贡貂牲丁职名册 325
正黄旗业普春牛录贡貂牲丁职名册 329
正黄旗兴亮牛录贡貂牲丁职名册 335
正黄旗海忠牛录贡貂牲丁职名册 342
正黄旗英新保牛录贡貂牲丁职名册 347
正黄旗奇狗牛录贡貂牲丁职名册 351
正黄旗里兴额牛录贡貂牲丁职名册 354
正白旗明凌牛录贡貂牲丁职名册 360
正白旗萨勒扎玛牛录贡貂牲丁职名册 364
正白旗吉林牛录贡貂牲丁职名册 371
正白旗赛清阿牛录贡貂牲丁职名册 376
正白旗克西克吐牛录贡貂牲丁职名册 382
正白旗奇普兴武牛录贡貂牲丁职名册 385
正白旗德依丰阿牛录贡貂牲丁职名册 389
正白旗富常牛录贡貂牲丁职名册 391
正白旗洪泰牛录贡貂牲丁职名册 394
正白旗松寿牛录贡貂牲丁职名册 395
正白旗清明阿牛录贡貂牲丁职名册 399
正白旗精保牛录贡貂牲丁职名册 402
正白旗崇凌牛录贡貂牲丁职名册 407
正白旗双林牛录贡貂牲丁职名册 410
正白旗精通阿牛录贡貂牲丁职名册 416
正白旗英常牛录贡貂牲丁职名册 419
正白旗常福牛录贡貂牲丁职名册 426
正红旗兴福牛录贡貂牲丁职名册 429
正红旗文普牛录贡貂牲丁职名册 431
正红旗凌福牛录贡貂牲丁职名册 432
正红旗明福牛录贡貂牲丁职名册 434
正红旗穆苏孟库牛录贡貂牲丁职名册 436

正红旗岱通阿牛录贡貂牲丁职名册 440
正红旗英隆阿牛录贡貂牲丁职名册 441
正红旗托萨吐牛录贡貂牲丁职名册 443
正红旗精德牛录贡貂牲丁职名册 445
正红旗察隆阿牛录贡貂牲丁职名册 448
正红旗穆通额牛录贡貂牲丁职名册 451
正红旗忠保牛录贡貂牲丁职名册 457
正红旗双凌牛录贡貂牲丁职名册 460
正红旗买通阿牛录贡貂牲丁职名册 463
正红旗贲精额牛录贡貂牲丁职名册 464
正红旗恩特兴阿牛录贡貂牲丁职名册 467
正红旗舒明阿牛录贡貂牲丁职名册 469
镶白旗和山牛录贡貂牲丁职名册 472
镶白旗兴常牛录贡貂牲丁职名册 477
镶白旗定禄牛录贡貂牲丁职名册 479
镶白旗爱新多尔济牛录贡貂牲丁职名册 481
镶白旗凌丰阿牛录贡貂牲丁职名册 484
镶白旗明德牛录贡貂牲丁职名册 485
镶红旗诺钦吉尔嘎儿牛录贡貂牲丁职名册 489
镶红旗德全牛录贡貂牲丁职名册 490
镶红旗扎斯洪阿牛录贡貂牲丁职名册 491
镶红旗蒙库巴雅尔牛录贡貂牲丁职名册 492
镶红旗莫诺惠牛录贡貂牲丁职名册 493
镶红旗狼狗牛录贡貂牲丁职名册 494
镶红旗多们扎普牛录贡貂牲丁职名册 495
正蓝旗卧尔托吉尔嘎儿牛录贡貂牲丁职名册 497
正蓝旗明兴阿牛录贡貂牲丁职名册 499
正蓝旗吉隆阿牛录贡貂牲丁职名册 501
镶蓝旗富全牛录贡貂牲丁职名册 503
镶蓝旗舒敏牛录贡貂牲丁职名册 505
镶蓝旗西拉布牛录贡貂牲丁职名册 507
镶蓝旗富明牛录贡貂牲丁职名册 509
镶蓝旗那新吉尔噶儿牛录贡貂牲丁职名册 511
正红旗都隆阿牛录贡貂牲丁职名册（汉文） 515
正红旗托精阿牛录贡貂牲丁职名册（汉文） 518

正红旗德迷善牛录贡貂牲丁职名册（汉文） 520
镶白旗和寿牛录贡貂牲丁职名册（汉文） 521
镶红旗正常牛录贡貂牲丁职名册（汉文） 523
正蓝旗巴尼音扎普牛录贡貂牲丁职名册（汉文） 525
镶黄旗赉吉善牛录贡貂牲丁职名册（汉文） 529
镶黄旗保元牛录贡貂牲丁职名册（汉文） 533
镶黄旗音登托克托牛录贡貂牲丁职名册（汉文） 539
镶黄旗德勒顺牛录贡貂牲丁职名册（汉文） 543
镶黄旗布空阿牛录贡貂牲丁职名册（汉文） 547
镶黄旗成明牛录贡貂牲丁职名册（汉文） 552
镶黄旗拉新吐牛录贡貂牲丁职名册（汉文） 556
镶黄旗莫墨和济牛录贡貂牲丁职名册（汉文） 557
镶黄旗奇普松武牛录贡貂牲丁职名册（汉文） 561
镶黄旗常云牛录贡貂牲丁职名册（汉文） 565
镶黄旗讷恩登额牛录贡貂牲丁职名册（汉文） 569
镶黄旗巴凌阿牛录贡貂牲丁职名册（汉文） 570
正黄旗萨彬吐牛录贡貂牲丁职名册（汉文） 572
正黄旗奇石巴牛录贡貂牲丁职名册（汉文） 579
正黄旗兴福牛录贡貂牲丁职名册（汉文） 587
正黄旗瑞庆牛录贡貂牲丁职名册（汉文） 592
正黄旗同克牛录贡貂职名册（汉文） 602
正黄旗乌克都喜牛录贡貂牲丁职名册（汉文） 606
正黄旗黑狗牛录贡貂牲丁职名册（汉文） 611
正黄旗乌勒兴阿牛录贡貂牲丁职名册（汉文） 616
正黄旗常云阿牛录贡貂牲丁职名册（汉文） 619
正黄旗三布牛录贡貂牲丁职名册（汉文） 623
正黄旗托普升额牛录贡貂牲丁职名册（汉文） 627
正黄旗倭克精阿牛录贡貂牲丁职名册（汉文） 633
正黄旗西朗阿牛录贡貂牲丁职名册（汉文） 635
正黄旗业普春牛录贡貂牲丁职名册（汉文） 637
正黄旗兴亮牛录贡貂牲丁职名册（汉文） 643
正黄旗海忠牛录贡貂牲丁职名册（汉文） 648
正黄旗英新保牛录贡貂牲丁职名册（汉文） 655
正黄旗奇狗牛录贡貂牲丁职名册（汉文） 659
正黄旗里兴额牛录贡貂牲丁职名册（汉文） 662

正白旗明凌牛录贡貂牲丁职名册（汉文） 668
正白旗萨勒扎玛牛录贡貂牲丁职名册（汉文） 672
正白旗吉林牛录贡貂牲丁职名册（汉文） 679
正白旗赛清阿牛录贡貂牲丁职名册（汉文） 684
正白旗克西克吐牛录贡貂牲丁职名册（汉文） 690
正白旗奇普兴武牛录贡貂牲丁职名册（汉文） 693
正白旗德依丰阿牛录贡貂牲丁职名册（汉文） 697
正白旗富常牛录贡貂牲丁职名册（汉文） 699
正白旗洪泰牛录贡貂牲丁职名册（汉文） 702
正白旗松寿牛录贡貂牲丁职名册（汉文） 703
正白旗清明阿牛录贡貂牲丁职名册（汉文） 707
正白旗精保牛录贡貂牲丁职名册（汉文） 710
正白旗崇凌牛录贡貂牲丁职名册（汉文） 715
正白旗双林牛录贡貂牲丁职名册（汉文） 718
正白旗精通阿牛录贡貂牲丁职名册（汉文） 724
正白旗英常牛录贡貂牲丁职名册（汉文） 729
正白旗常福牛录贡貂牲丁职名册（汉文） 736
正红旗兴福牛录贡貂牲丁职名册（汉文） 739
正红旗文普牛录贡貂牲丁职名册（汉文） 741
正红旗凌福牛录贡貂牲丁职名册（汉文） 742
正红旗明福牛录贡貂牲丁职名册（汉文） 744
正红旗穆苏孟库牛录贡貂牲丁职名册（汉文） 746
正红旗岱通阿牛录贡貂牲丁职名册（汉文） 750
正红旗英隆阿牛录贡貂牲丁职名册（汉文） 751
正红旗托萨吐牛录贡貂牲丁职名册（汉文） 753
正红旗精德牛录贡貂牲丁职名册（汉文） 755
正红旗察隆阿牛录贡貂牲丁职名册（汉文） 758
正红旗穆通额牛录贡貂牲丁职名册（汉文） 761
正红旗忠保牛录贡貂牲丁职名册（汉文） 767
正红旗双凌牛录贡貂牲丁职名册（汉文） 770
正红旗买通阿牛录贡貂牲丁职名册（汉文） 773
正红旗贲精阿（额）牛录贡貂牲丁职名册（汉文） 774
正红旗恩特兴阿牛录贡貂牲丁职名册（汉文） 777
正红旗舒明阿牛录贡貂牲丁职名册（汉文） 779
镶白旗和山牛录贡貂牲丁职名册（汉文） 782

镶白旗兴常牛录贡貂牲丁职名册（汉文） 787
镶白旗定禄牛录贡貂牲丁职名册（汉文） 789
镶白旗爱新多尔济牛录贡貂牲丁职名册（汉文） 791
镶白旗凌丰阿牛录贡貂牲丁职名册（汉文） 794
镶白旗明德牛录贡貂牲丁职名册（汉文） 795
镶红旗诺钦吉尔嘎儿牛录贡貂牲丁职名册（汉文） 799
镶红旗德全牛录贡貂牲丁职名册（汉文） 800
镶红旗扎斯洪阿牛录贡貂牲丁职名册（汉文） 801
镶红旗蒙库巴雅尔牛录贡貂牲丁职名册（汉文） 802
镶红旗莫诺惠牛录贡貂牲丁职名册（汉文） 803
镶红旗狼狗牛录贡貂牲丁职名册（汉文） 804
镶红旗多们扎普牛录贡貂牲丁职名册（汉文） 805
正蓝旗卧尔托吉尔嘎儿牛录贡貂牲丁职名册（汉文） 807
正蓝旗明兴阿牛录贡貂牲丁职名册（汉文） 809
正蓝旗吉隆阿牛录贡貂牲丁职名册（汉文） 811
镶蓝旗富全牛录贡貂牲丁职名册（汉文） 813
镶蓝旗舒敏牛录贡貂牲丁职名册（汉文） 815
镶蓝旗西拉布牛录贡貂牲丁职名册（汉文） 817
镶蓝旗富明牛录贡貂牲丁职名册（汉文） 819
镶蓝旗那新吉尔噶儿牛录牲丁职名册（汉文） 821
【贡貂牲丁职名册】（光绪十一年七月十三日） 825
【镶黄旗】二牛录贡貂牲丁职名册 829
正黄旗头牛录、二牛录贡貂牲丁职名册 836
正白旗头牛录、二牛录贡貂牲丁职名册 852
正红旗头牛录、二牛录贡貂牲丁职名册 867
镶白旗头牛录、二牛录贡貂牲丁职名册 882
镶红旗头牛录、二牛录贡貂牲丁职名册 897
正蓝旗头牛录、二牛录贡貂牲丁职名册 912
镶蓝旗头牛录、二牛录贡貂牲丁职名册 927
【镶黄旗】二牛录贡貂牲丁职名册（汉文） 945
正黄旗头牛录、二牛录贡貂牲丁职名册（汉文） 948
正白旗头牛录、二牛录贡貂牲丁职名册（汉文） 963
正红旗头牛录、二牛录贡貂牲丁职名册（汉文） 978
镶白旗头牛录、二牛录贡貂牲丁职名册（汉文） 993
镶红旗头牛录、二牛录贡貂牲丁职名册（汉文） 1008

正蓝旗头牛录、二牛录贡貂牲丁职名册（汉文） 1023
镶蓝旗头牛录、二牛录贡貂牲丁职名册（汉文） 1037
兴安城署理鄂伦春总管协领凌善为呈报鄂伦春八旗官兵旗佐职名贡貂数致黑龙江将军（光绪十二年五月二十八日） 1053
镶黄旗头牛录、二牛录牲丁职名贡貂数目册 1053
正黄旗头牛录、二牛录牲丁职名贡貂数目册 1069
正白旗头牛录、二牛录牲丁职名贡貂数目册 1085
正红旗头牛录、二牛录牲丁职名贡貂数目册 1100
【镶白旗】头牛录、二牛录牲丁职名贡貂数目册 1115
镶红旗头牛录、二牛录牲丁职名贡貂数目册 1131
正蓝旗头牛录、二牛录牲丁职名贡貂数目册 1147
镶蓝旗头牛录、二牛录牲丁职名贡貂数目册 1162
镶黄旗头牛录、二牛录牲丁职名贡貂数目册（汉文） 1181
正黄旗头牛录、二牛录牲丁职名贡貂数目册（汉文） 1191
正白旗头牛录、二牛录牲丁职名贡貂数目册（汉文） 1206
正红旗头牛录、二牛录牲丁职名贡貂数目册（汉文） 1221
【镶白旗】头牛录、二牛录牲丁职名贡貂数目册（汉文） 1236
镶红旗头牛录、二牛录牲丁职名贡貂数目册（汉文） 1251
正蓝旗头牛录、二牛录牲丁职名贡貂数目册（汉文） 1267
镶蓝旗头牛录、二牛录牲丁职名贡貂数目册（汉文） 1282
【索伦达呼尔贡貂牲丁职名册】（光绪十二年七月初六日） 1299
【镶黄旗】赍吉善牛录贡貂牲丁职名册 1299
【镶黄旗】保元牛录贡貂牲丁职名册 1302
【镶黄旗】音登托克托牛录贡貂牲丁职名册 1309
【镶黄旗】德勒顺牛录贡貂牲丁职名册 1313
【镶黄旗】布空阿牛录贡貂牲丁职名册 1317
【镶黄旗】成明牛录贡貂牲丁职名册 1322
【镶黄旗】拉西勒图牛录贡貂牲丁职名册 1325
【镶黄旗】巴遴牛录贡貂牲丁职名册 1327
【镶黄旗】奇普松武牛录贡貂牲丁职名册 1331
【镶黄旗】常云牛录贡貂牲丁职名册 1335
【镶黄旗】讷恩登额牛录贡貂牲丁职名册 1339
【镶黄旗】巴凌阿牛录贡貂牲丁职名册 1341
正黄旗萨彬吐牛录贡貂牲丁职名册 1343
正黄旗奇石巴牛录贡貂牲丁职名册 1349

正黄旗兴福牛录贡貂牲丁职名册 1357
正黄旗同克牛录贡貂牲丁职名册 1363
正黄旗瑞庆牛录贡貂牲丁职名册 1373
正黄旗乌克都喜牛录贡貂牲丁职名册 1377
正黄旗黑狗牛录贡貂牲丁职名册 1382
正黄旗乌勒兴阿牛录贡貂牲丁职名册 1387
正黄旗常云阿牛录贡貂牲丁职名册 1391
正黄旗三布牛录贡貂牲丁职名册 1394
正黄旗托普升额牛录贡貂牲丁职名册 1399
正黄旗倭克精阿牛录贡貂牲丁职名册 1405
正黄旗德清阿牛录贡貂牲丁职名册 1407
正黄旗业普春牛录贡貂牲丁职名册 1409
正黄旗硕通阿牛录贡貂牲丁职名册 1415
正黄旗海忠牛录贡貂牲丁职名册 1422
正黄旗英新保牛录贡貂牲丁职名册 1427
正黄旗奇狗牛录贡貂牲丁职名册 1431
正黄旗里兴额牛录贡貂牲丁职名册 1434
正白旗明凌牛录贡貂牲丁职名册 1441
正白旗萨勒扎玛牛录贡貂牲丁职名册 1445
正白旗图明额牛录贡貂牲丁职名册 1451
正白旗赛清阿牛录贡貂牲丁职名册 1457
正白旗扎拉汾牛录贡貂牲丁职名册 1464
正白旗奇普兴武牛录贡貂牲丁职名册 1466
正白旗德依丰阿牛录贡貂牲丁职名册 1470
正白旗富常牛录贡貂牲丁职名册 1472
正白旗洪泰牛录贡貂牲丁职名册 1475
正白旗松寿牛录贡貂牲丁职名册 1477
正白旗清明阿牛录贡貂牲丁职名册 1480
正白旗精保牛录贡貂牲丁职名册 1483
正白旗崇凌牛录贡貂牲丁职名册 1489
正白旗双林牛录贡貂牲丁职名册 1491
正白旗精通阿牛录贡貂牲丁职名册 1497
正白旗英常牛录贡貂牲丁职名册 1503
正白旗常福牛录贡貂牲丁职名册 1510
正红旗兴福牛录贡貂牲丁职名册 1513

正红旗文普牛录贡貂牲丁职名册 1515
正红旗凌福牛录贡貂牲丁职名册 1516
正红旗明福牛录贡貂牲丁职名册 1518
正红旗穆苏孟库牛录贡貂牲丁职名册 1520
正红旗岱通阿牛录贡貂牲丁职名册 1524
正红旗英隆阿牛录贡貂牲丁职名册 1525
正红旗扎萨图牛录贡貂牲丁职名册 1527
正红旗兴庸牛录贡貂牲丁职名册 1529
正红旗察隆阿牛录贡貂牲丁职名册 1532
正红旗穆通额牛录贡貂牲丁职名册 1535
正红旗班扎尔达西牛录贡貂牲丁职名册 1541
正红旗双凌牛录贡貂牲丁职名册 1544
正红旗穆克德春牛录贡貂牲丁职名册 1546
正红旗赉精额牛录贡貂牲丁职名册 1547
正红旗恩特兴阿牛录贡貂牲丁职名册 1550
正红旗舒明阿牛录贡貂牲丁职名册 1553
镶白旗和山牛录贡貂牲丁职名册 1556
镶白旗兴常牛录贡貂牲丁职名册 1560
镶白旗定禄牛录贡貂牲丁职名册 1563
镶白旗爱新多尔济牛录贡貂牲丁职名册 1565
镶白旗凌丰阿牛录贡貂牲丁职名册 1567
镶白旗明德牛录贡貂牲丁职名册 1569
镶红旗诺钦吉尔嘎儿牛录贡貂牲丁职名册 1572
镶红旗德全牛录贡貂牲丁职名册 1574
镶红旗扎斯洪阿牛录贡貂牲丁职名册 1575
镶红旗蒙库巴雅尔牛录贡貂牲丁职名册 1576
镶红旗莫诺惠牛录贡貂牲丁职名册 1577
镶红旗狼狗牛录贡貂牲丁职名册 1578
镶红旗多们扎普牛录贡貂牲丁职名册 1579
正蓝旗卧尔托吉尔嘎儿牛录贡貂牲丁职名册 1581
正蓝旗明兴阿牛录贡貂牲丁职名册 1583
正蓝旗吉隆阿牛录贡貂牲丁职名册 1585
镶蓝旗福春牛录贡貂牲丁职名册 1587
镶蓝旗舒敏牛录贡貂牲丁职名册 1588
镶蓝旗西拉布牛录贡貂牲丁职名册 1590

镶蓝旗富明牛录贡貂牲丁职名册 1592
镶蓝旗那新吉尔噶儿牛录贡貂牲丁职名册 1595
管理布特哈索伦达呼尔等处地方副都统衔总管诺穆德勒赫尔等为呈报食饷摩凌阿鄂伦春贡貂牲丁旗佐职名册致黑龙江将军（光绪十二年七月初六日） 1599
正红旗都隆阿牛录贡貂牲丁职名册 1599
正红旗托精阿牛录贡貂牲丁职名册 1601
正红旗德迷善牛录贡貂牲丁职名册 1603
镶白旗和寿牛录贡貂牲丁职名册 1605
镶红旗正常牛录贡貂牲丁职名册 1607
正蓝旗巴尼遴扎布牛录贡貂牲丁职名册 1609
兴安城副都统衔总管乌尔滚巴雅尔为呈报鄂伦春八旗官兵旗佐职名及贡貂数目册致黑龙江将军（光绪十三年） 1615
镶黄旗头牛录、二牛录贡貂牲丁职名册 1615
正黄旗头牛录、二牛录贡貂牲丁职名册 1630
□□旗贡貂牲丁职名册 1651
正白旗头牛录、二牛录贡貂牲丁职名册 1655
正红旗头牛录、二牛录贡貂牲丁职名册 1670
【兴安城副都统衔总管乌尔滚巴雅尔为呈报鄂伦春八旗官兵旗佐职名及贡貂数目册致黑龙江将军（光绪十七年六月初一日）】 1685
【镶黄旗头牛录、】二牛录牲丁职名贡貂数目册 1685
正黄旗头牛录、二牛录牲丁职名贡貂数目册 1698
正白旗头牛录、二牛录牲丁职名贡貂数目册 1713
正红旗头牛录、二牛录牲丁职名贡貂数目册 1728
镶白旗头牛录、二牛录牲丁职名贡貂数目册 1743
镶红旗头牛录、二牛录牲丁职名贡貂数目册 1757
正蓝旗头牛录、二牛录牲丁职名贡貂数目册 1773
镶蓝旗头牛录、二牛录牲丁职名贡貂数目册 1787
镶黄旗头牛录、二牛录牲丁职名贡貂数目册（汉文） 1806
正黄旗头牛录、二牛录牲丁职名贡貂数目册（汉文） 1820
正白旗头牛录、二牛录牲丁职名贡貂数目册（汉文） 1836
正红旗头牛录、二牛录牲丁职名贡貂数目册（汉文） 1850
镶白旗头牛录、二牛录牲丁职名贡貂数目册（汉文） 1864
镶红旗头牛录、二牛录牲丁职名贡貂数目册（汉文） 1879
正蓝旗头牛录、二牛录牲丁职名贡貂数目册（汉文） 1894
镶蓝旗头牛录、二牛录牲丁职名贡貂数目册（汉文） 1908

兴安城副都统衔总管乌尔滚巴雅尔为呈报鄂伦春八旗官兵旗佐职名及贡貂数目册致黑龙江将军（光绪十八年六月初三日） 1927

镶黄旗头牛录、二牛录牲丁职名贡貂数目册 1927

正黄旗头牛录、二牛录牲丁职名贡貂数目册 1941

正白旗头牛录、二牛录牲丁职名贡貂数目册 1953

正红旗头牛录、二牛录牲丁职名贡貂数目册 1966

镶白旗头牛录、二牛录牲丁职名贡貂数目册 1979

镶红旗头牛录、二牛录牲丁职名贡貂数目册 1993

正蓝旗头牛录、二牛录牲丁职名贡貂数目册 2008

镶蓝旗头牛录、二牛录牲丁职名贡貂数目册 2020

镶黄旗头牛录、二牛录牲丁职名贡貂数目册（汉文） 2038

正黄旗头牛录、二牛录牲丁职名贡貂数目册（汉文） 2051

正白旗头牛录、二牛录牲丁职名贡貂数目册（汉文） 2063

正红旗头牛录、二牛录牲丁职名贡貂数目册（汉文） 2075

镶白旗头牛录、二牛录牲丁职名贡貂数目册（汉文） 2088

镶红旗头牛录、二牛录牲丁职名贡貂数目册（汉文） 2101

正蓝旗头牛录、二牛录牲丁职名贡貂数目册（汉文） 2116

镶蓝旗头牛录、二牛录牲丁职名贡貂数目册（汉文） 2128

管理布特哈索伦达呼尔等处地方副都统衔总管福尔苏穆布等为呈报食饷摩凌阿鄂伦春贡貂牲丁旗佐职名册致黑龙江将军（光绪十八年六月二十五日） 2145

正红旗都隆阿牛录贡貂牲丁职名册 2145

正红旗乌尔滚济尔噶勒牛录贡貂牲丁职名册 2147

正红旗德迷善牛录贡貂牲丁职名册 2149

镶白旗和寿牛录贡貂牲丁职名册 2150

镶红旗正常牛录贡貂牲丁职名册 2152

正蓝旗巴尼遴扎布牛录贡貂牲丁职名册 2154

管理布特哈索伦达呼尔等处地方副都统衔总管福尔苏穆布等为呈报索伦达呼尔贡貂牲丁旗佐职名册致黑龙江将军（光绪十八年六月二十五日） 2159

镶黄旗福清阿牛录牲丁职名册 2159

镶黄旗保元牛录牲丁职名册 2162

镶黄旗音登托克托牛录牲丁职名册 2167

镶黄旗德兴阿牛录牲丁职名册 2170

镶黄旗布空阿牛录牲丁职名册 2173

镶黄旗成明牛录牲丁职名册 2177

镶黄旗英福牛录牲丁职名册 2179

镶黄旗福聂松阿牛录牲丁职名册 2181

镶黄旗庄清牛录牲丁职名册 2185
镶黄旗常云牛录牲丁职名册 2187
镶黄旗讷恩登额牛录牲丁职名册 2191
镶黄旗伯庆牛录牲丁职名册 2192
正黄旗萨彬吐牛录牲丁职名册 2194
正黄旗奇石巴牛录牲丁职名册 2199
正黄旗里兴额牛录牲丁职名册 2206
正黄旗同克牛录牲丁职名册 2211
正黄旗倭克精阿牛录牲丁职名册 2219
正黄旗正通牛录牲丁职名册 2223
正黄旗黑狗牛录牲丁职名册 2227
正黄旗德清阿牛录牲丁职名册 2231
正黄旗沃赫勒图牛录牲丁职名册 2235
正黄旗三布牛录牲丁职名册 2238
正黄旗托普升额牛录牲丁职名册 2242
正黄旗库禄山牛录牲丁职名册 2246
正黄旗霍洛山牛录牲丁职名册 2249
正黄旗扎俸阿牛录牲丁职名册 2251
正黄旗硕通阿牛录牲丁职名册 2256
正黄旗赫色布牛录牲丁职名册 2262
正黄旗温忠牛录牲丁职名册 2266
正黄旗囊海牛录牲丁职名册 2270
正黄旗布库波勒多牛录牲丁职名册 2274
正白旗明凌牛录牲丁职名册 2279
正白旗萨勒扎玛牛录牲丁职名册 2283
正白旗凌托牛录牲丁职名册 2288
正白旗赛清阿牛录牲丁职名册 2293
正白旗扎拉汾牛录牲丁职名册 2298
正白旗成德牛录牲丁职名册 2300
正白旗德依丰阿牛录牲丁职名册 2303
正白旗富常牛录牲丁职名册 2305
正白旗洪泰牛录牲丁职名册 2307
正白旗松寿牛录牲丁职名册 2309
正白旗托布清德牛录牲丁职名册 2312
正白旗精保牛录牲丁职名册 2315

正白旗济勒特牛录牲丁职名册 2320
正白旗双林牛录牲丁职名册 2321
正白旗双德牛录牲丁职名册 2326
正白旗英常牛录牲丁职名册 2332
正白旗常福牛录牲丁职名册 2337
正红旗兴福牛录牲丁职名册 2340
正红旗勒海牛录牲丁职名册 2341
正红旗郭顺牛录牲丁职名册 2343
正红旗明福牛录牲丁职名册 2344
正红旗都明牛录牲丁职名册 2346
正红旗岱通阿牛录牲丁职名册 2348
正红旗英隆阿牛录牲丁职名册 2350
正红旗扎萨图牛录牲丁职名册 2351
正红旗兴庸牛录牲丁职名册 2353
正红旗察隆阿牛录牲丁职名册 2355
正红旗穆通额牛录牲丁职名册 2357
正红旗班扎尔达西牛录牲丁职名册 2363
正红旗星德牛录牲丁职名册 2366
正红旗德海牛录牲丁职名册 2367
正红旗赉精额牛录牲丁职名册 2369
正红旗铁郭牛录牲丁职名册 2372
正红旗星清阿牛录牲丁职名册 2374
镶白旗和山牛录牲丁职名册 2377
镶白旗兴常牛录牲丁职名册 2381
镶白旗定禄牛录牲丁职名册 2382
镶白旗爱新多尔济牛录牲丁职名册 2384
镶白旗昌清牛录牲丁职名册 2386
镶白旗明德牛录牲丁职名册 2387
镶红旗诺钦吉尔嘎儿牛录牲丁职名册 2391
镶红旗德全牛录牲丁职名册 2392
镶红旗扎斯洪阿牛录牲丁职名册 2393
镶红旗蒙库巴雅尔牛录牲丁职名册 2394
镶红旗莫诺惠牛录牲丁职名册 2395
镶红旗狼狗牛录牲丁职名册 2396
镶红旗多们扎普牛录牲丁职名册 2397

正蓝旗卧尔托吉尔嘎儿牛录牲丁职名册 2398
正蓝旗明兴阿牛录牲丁职名册 2400
正蓝旗吉隆阿牛录牲丁职名册 2402
镶蓝旗硕尔吉山牛录牲丁职名册 2403
镶蓝旗舒敏牛录牲丁职名册 2404
镶蓝旗西拉布牛录牲丁职名册 2406
镶蓝旗富明牛录牲丁职名册 2408
镶蓝旗那新吉尔噶儿牛录牲丁职名册 2410
布特哈总管为呈报进纳貂皮牲丁皮张数目及设兴安城撤出鄂伦春牲丁数目事致黑龙江将军（光绪二十年五月初二日） 2415
布特哈地方贡貂牲丁数目册（光绪二十年六月十四日） 2435
布特哈镶黄旗贡貂牲丁数目册 2435
布特哈正黄旗贡貂牲丁数目册 2441
布特哈正白旗贡貂牲丁数目册 2450
布特哈正红旗贡貂牲丁数目册 2459
布特哈镶白旗贡貂牲丁数目册 2467
布特哈镶红旗贡貂牲丁数目册 2469
布特哈正蓝旗贡貂牲丁数目册 2472
布特哈镶蓝旗贡貂牲丁数目册 2474
署理兴安城鄂伦春官兵副都统衔总管关防事务协领宜铿额为呈报贡貂鄂伦春八旗官兵旗佐职名貂皮数致黑龙江将军（光绪二十年六月二十日） 2481
镶黄旗头牛录、二牛录牲丁职名贡貂数目册 2481
正黄旗头牛录、二牛录牲丁职名贡貂数目册 2495
正白旗头牛录、二牛录牲丁职名贡貂数目册 2507
正红旗头牛录、二牛录牲丁职名贡貂数目册 2519
镶白旗头牛录、二牛录牲丁职名贡貂数目册 2531
镶红旗头牛录、二牛录牲丁职名贡貂数目册 2545
正蓝旗头牛录、二牛录牲丁职名贡貂数目册 2560
镶蓝旗头牛录、二牛录牲丁职名贡貂数目册 2571
镶黄旗头牛录、二牛录牲丁职名贡貂数目册（汉文） 2590
正黄旗头牛录、二牛录牲丁职名贡貂数目册（汉文） 2603
正白旗头牛录、二牛录牲丁职名贡貂数目册（汉文） 2615
正红旗头牛录、二牛录牲丁职名贡貂数目册（汉文） 2627
镶白旗头牛录、二牛录牲丁职名贡貂数目册（汉文） 2639
镶红旗头牛录、二牛录牲丁职名贡貂数目册（汉文） 2652
正蓝旗头牛录、二牛录牲丁职名贡貂数目册（汉文） 2667

镶蓝旗头牛录、二牛录牲丁职名贡貂数目册（汉文） 2678
【索伦达呼尔贡貂牲丁旗佐职名册】（光绪二十年六月二十九日） 2697
【镶黄旗】波雍德勒赫尔牛录贡貂牲丁职名册 2698
【镶黄旗】音登托克托牛录贡貂牲丁职名册 2703
【镶黄旗】济克色布牛录贡貂牲丁职名册 2707
【镶黄旗】常云牛录贡貂牲丁职名册 2710
【镶黄旗】成明牛录贡貂牲丁职名册 2714
【镶黄旗】英福牛录贡貂牲丁职名册 2716
【镶黄旗】福聂松阿牛录贡貂牲丁职名册 2718
【镶黄旗】德兴阿牛录贡貂牲丁职名册 2722
【镶黄旗】保元牛录贡貂牲丁职名册 2725
【镶黄旗】讷恩登额牛录贡貂牲丁职名册 2729
【镶黄旗】伯庆牛录贡貂牲丁职名册 2730
正黄旗萨彬吐牛录贡貂牲丁职名册 2732
正黄旗奇石巴牛录贡貂牲丁职名册 2737
正黄旗里精阿牛录贡貂牲丁职名册 2745
正黄旗同克牛录贡貂牲丁职名册 2750
正黄旗倭克精阿牛录贡貂牲丁职名册 2759
正黄旗正通牛录贡貂牲丁职名册 2763
正黄旗沃赫勒图牛录贡貂牲丁职名册 2767
正黄旗德清阿牛录贡貂牲丁职名册 2772
正黄旗铁顺牛录贡貂牲丁职名册 2776
正黄旗三布牛录贡貂牲丁职名册 2779
正黄旗托普升额牛录贡貂牲丁职名册 2783
正黄旗库禄山牛录贡貂牲丁职名册 2788
正黄旗霍洛山牛录贡貂牲丁职名册 2791
正黄旗扎俸阿牛录贡貂牲丁职名册 2793
正黄旗明忠牛录贡貂牲丁职名册 2798
正黄旗赫色布牛录贡貂牲丁职名册 2804
正黄旗温忠牛录贡貂牲丁职名册 2809
正黄旗囊海牛录贡貂牲丁职名册 2813
正黄旗布库波勒多牛录贡貂牲丁职名册 2817
正白旗明凌牛录贡貂牲丁职名册 2823
正白旗哈勒珲牛录贡貂牲丁职名册 2827
正白旗济勒特牛录贡貂牲丁职名册 2832

正白旗赛清阿牛录贡貂牲丁职名册 2837

正白旗扎拉汾牛录贡貂牲丁职名册 2842

正白旗成德牛录贡貂牲丁职名册 2844

正白旗德依丰阿牛录贡貂牲丁职名册 2848

正白旗富常牛录贡貂牲丁职名册 2850

正白旗洪泰牛录贡貂牲丁职名册 2852

正白旗凌清牛录贡貂牲丁职名册 2854

正白旗托布清德牛录贡貂牲丁职名册 2857

正白旗精保牛录贡貂牲丁职名册 2860

正白旗察隆阿牛录贡貂牲丁职名册 2865

正白旗双林牛录贡貂牲丁职名册 2867

正白旗双德牛录贡貂牲丁职名册 2873

正白旗英常牛录贡貂牲丁职名册 2878

正白旗常福牛录贡貂牲丁职名册 2885

正红旗景顺牛录贡貂牲丁职名册 2887

正红旗勒海牛录贡貂牲丁职名册 2889

正红旗郭顺牛录贡貂牲丁职名册 2891

正红旗明福牛录贡貂牲丁职名册 2892

正红旗都明牛录贡貂牲丁职名册 2894

正红旗岱通阿牛录贡貂牲丁职名册 2896

正红旗英隆阿牛录贡貂牲丁职名册 2898

正红旗扎萨图牛录贡貂牲丁职名册 2899

正红旗兴庸牛录贡貂牲丁职名册 2901

正红旗察隆阿牛录贡貂牲丁职名册 2903

正红旗穆通额牛录贡貂牲丁职名册 2906

正红旗班扎尔达西牛录贡貂牲丁职名册 2911

正红旗星德牛录贡貂牲丁职名册 2914

正红旗德海牛录贡貂牲丁职名册 2916

正红旗赉精额牛录贡貂牲丁职名册 2917

正红旗铁郭牛录贡貂牲丁职名册 2921

正红旗星清阿牛录贡貂牲丁职名册 2923

镶白旗和山牛录贡貂牲丁职名册 2926

镶白旗兴常牛录贡貂牲丁职名册 2929

镶白旗定禄牛录贡貂牲丁职名册 2931

镶白旗爱新多尔济牛录贡貂牲丁职名册 2933

镶白旗昌清牛录贡貂牲丁职名册 2935
镶白旗珠尔噶山牛录贡貂牲丁职名册 2936
镶红旗诺钦吉尔嘎儿牛录贡貂牲丁职名册 2940
镶红旗德全牛录贡貂牲丁职名册 2941
镶红旗扎斯洪阿牛录贡貂牲丁职名册 2942
镶红旗蒙库巴雅尔牛录贡貂牲丁职名册 2943
镶红旗呼图尔扎布牛录贡貂牲丁职名册 2944
镶红旗狼狗牛录贡貂牲丁职名册 2945
镶红旗多们扎普牛录贡貂牲丁职名册 2946
正蓝旗卧尔托吉尔嘎儿牛录贡貂牲丁职名册 2948
正蓝旗明兴阿牛录贡貂牲丁职名册 2950
正蓝旗吉隆阿牛录贡貂牲丁职名册 2951
镶蓝旗硕尔吉山牛录贡貂牲丁职名册 2952
镶蓝旗西木噶济尔噶儿牛录贡貂牲丁职名册 2954
镶蓝旗西拉布牛录贡貂牲丁职名册 2955
镶蓝旗国瓦木布琫克西克牛录贡貂牲丁职名册 2957
镶蓝旗那新吉尔噶儿牛录贡貂牲丁职名册 2959
布特哈副都统为报送摩凌阿鄂伦春贡貂牲丁旗佐职名册致黑龙江将军（光绪二十一年五月二十四日） 2963
正红旗都隆阿牛录贡貂牲丁职名册 2963
正红旗乌尔滚济尔噶勒牛录贡貂牲丁职名册 2965
正红旗德迷善牛录贡貂牲丁职名册 2967
镶白旗和寿牛录贡貂牲丁职名册 2968
镶红旗正常牛录贡貂牲丁职名册 2970
正蓝旗巴尼遴扎布牛录贡貂牲丁职名册 2971
为报送毕拉尔路鄂伦春贡貂官兵旗佐职名册致黑龙江将军（光绪二十三年六月初八日） 2977

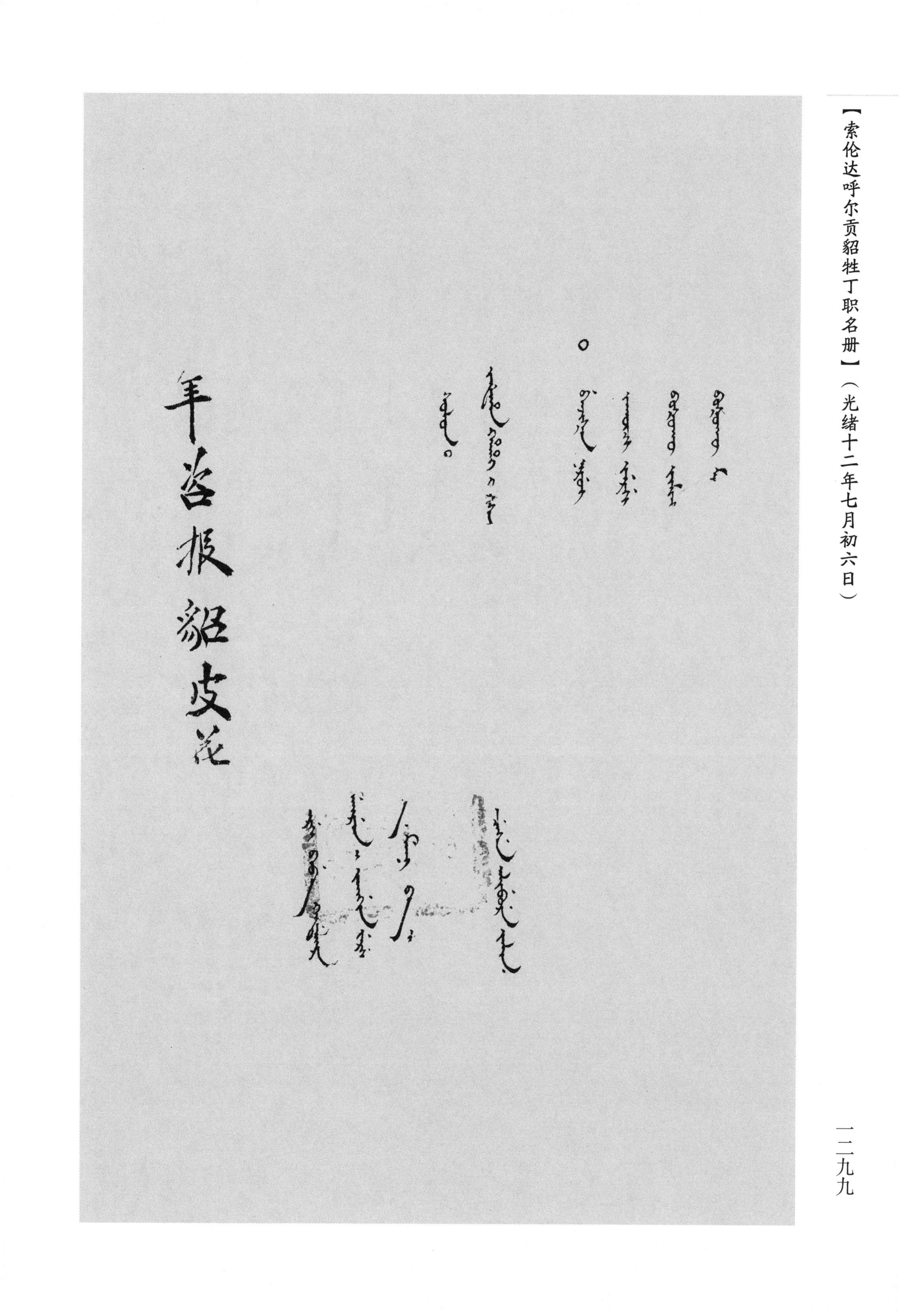

年咨根貂皮花

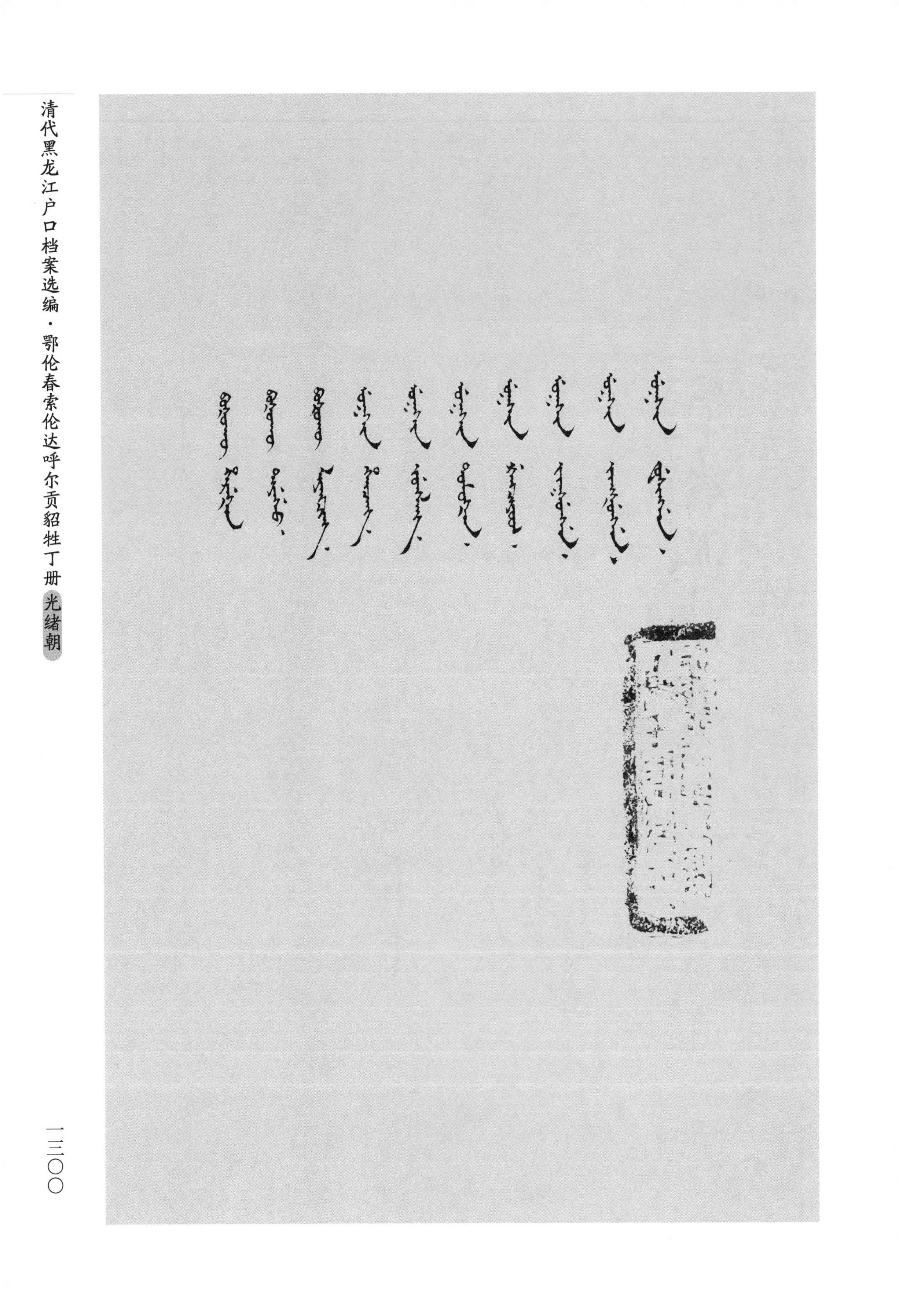

ᡠᡴᠰᡳᠨ [illegible]

ᡠᡴᠰᡳᠨ [illegible]

ᡠᡴᠰᡳᠨ [illegible]

ᡠᡴᠰᡳᠨ [illegible]

ᡠᡴᠰᡳᠨ [illegible]

ᡠᡴᠰᡳᠨ [illegible]

ᡠᡴᠰᡳᠨ [illegible]

ᡠᡴᠰᡳᠨ [illegible]

ᡠᡴᠰᡳᠨ [illegible]

ᡠᡴᠰᡳᠨ [illegible]

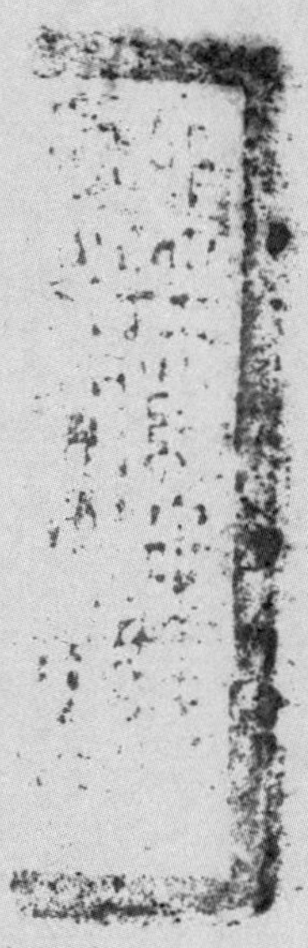

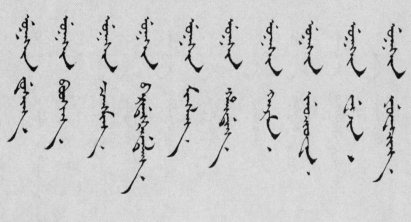

ᡠᡴᠰᡳᠨ [illegible]

ᡠᡴᠰᡳᠨ [illegible]

ᡠᡴᠰᡳᠨ [illegible]

ᡠᡴᠰᡳᠨ [illegible]

ᡠᡴᠰᡳᠨ [illegible]

ᡠᡴᠰᡳᠨ [illegible]

ᡠᡴᠰᡳᠨ [illegible]

[illegible]

○ [illegible]

[illegible]

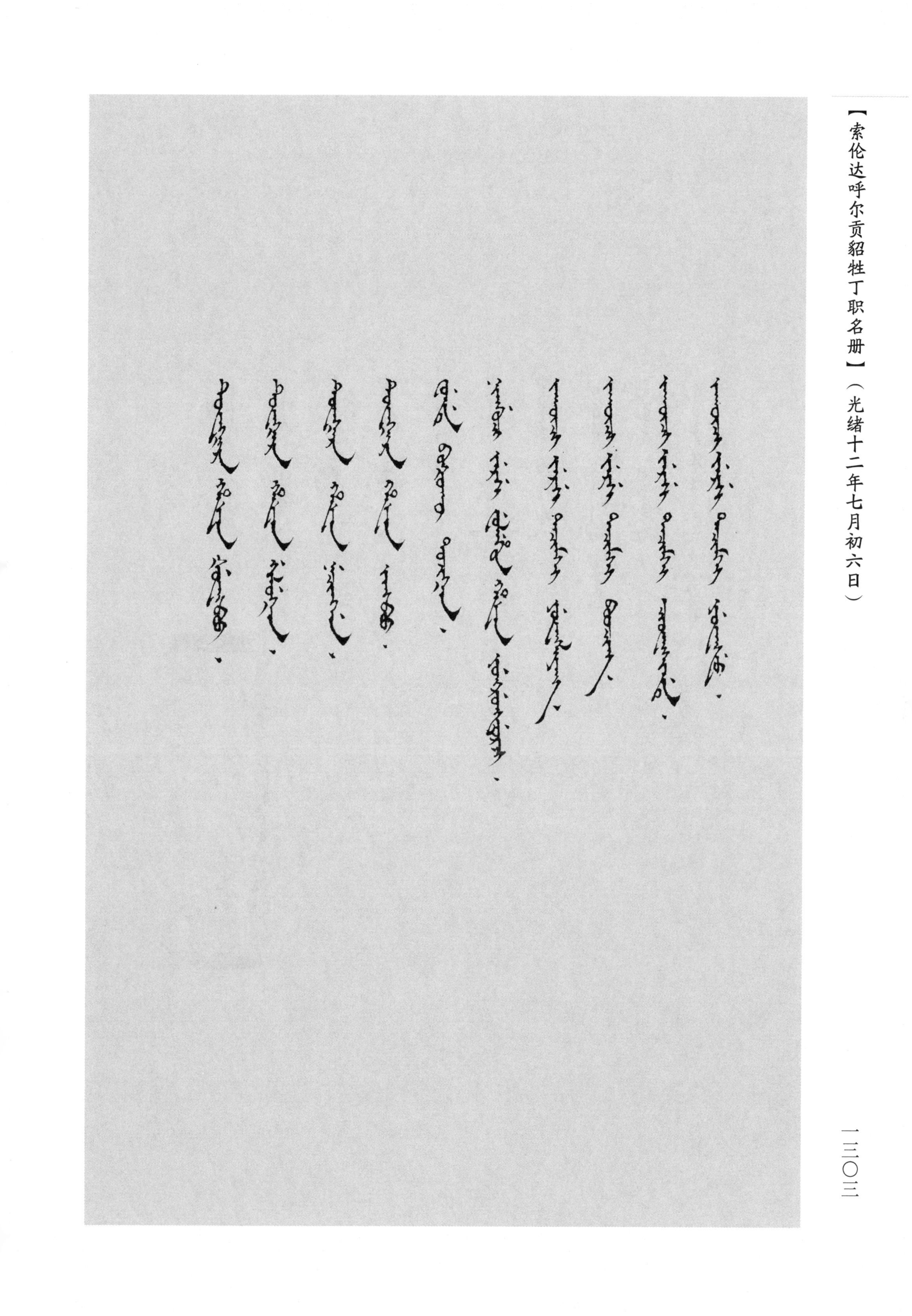

[illegible]

[illegible]

[illegible]

[illegible]

[illegible]

[illegible]

ᡶᡠᠨᡩᡝ ᠪᠣᡧᠣᡴᡡ [illegible]

ᡶᡠᠨᡩᡝ ᠪᠣᡧᠣᡴᡡ [illegible]

ᡶᡠᠨᡩᡝ ᠪᠣᡧᠣᡴᡡ [illegible]

ᡶᡠᠨᡩᡝ ᠪᠣᡧᠣᡴᡡ [illegible]

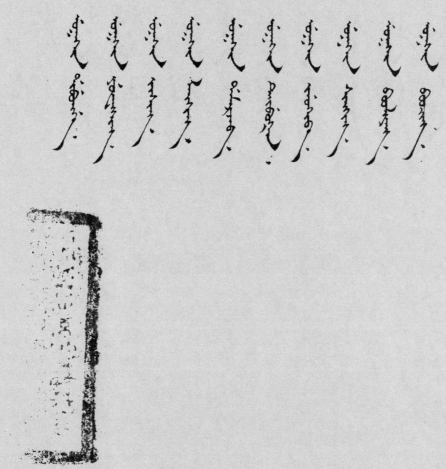

[illegible]

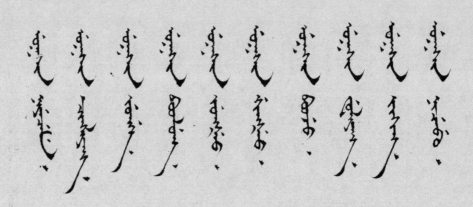

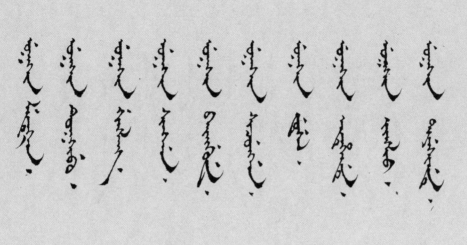

ᡠᡴᠰᡳᠨ [illegible]

ᡠᡴᠰᡳᠨ [illegible]

ᡠᡴᠰᡳᠨ [illegible]

ᡠᡴᠰᡳᠨ [illegible]

ᡠᡴᠰᡳᠨ [illegible]

ᡠᡴᠰᡳᠨ [illegible]

ᡠᡴᠰᡳᠨ [illegible]

ᡠᡴᠰᡳᠨ [illegible]

ᡠᡴᠰᡳᠨ [illegible]

[illegible]

[illegible]

[illegible]

[illegible]

[illegible]

[illegible]

[illegible]

[illegible]

[illegible]

[illegible] [illegible]

[illegible] [illegible]

[illegible] [illegible]

ᠪᠣᡧᠣᡴᡡ [illegible]

ᠪᠣᡧᠣᡴᡡ [illegible]

ᠪᠣᡧᠣᡴᡡ [illegible]

ᠰᡠᠯᠠ [illegible] [illegible] [illegible]

ᠰᡠᠯᠠ [illegible] [illegible] [illegible]

ᠰᡠᠯᠠ [illegible] [illegible] [illegible]

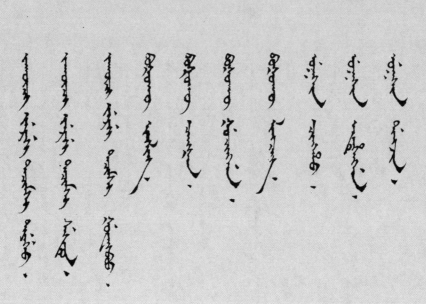

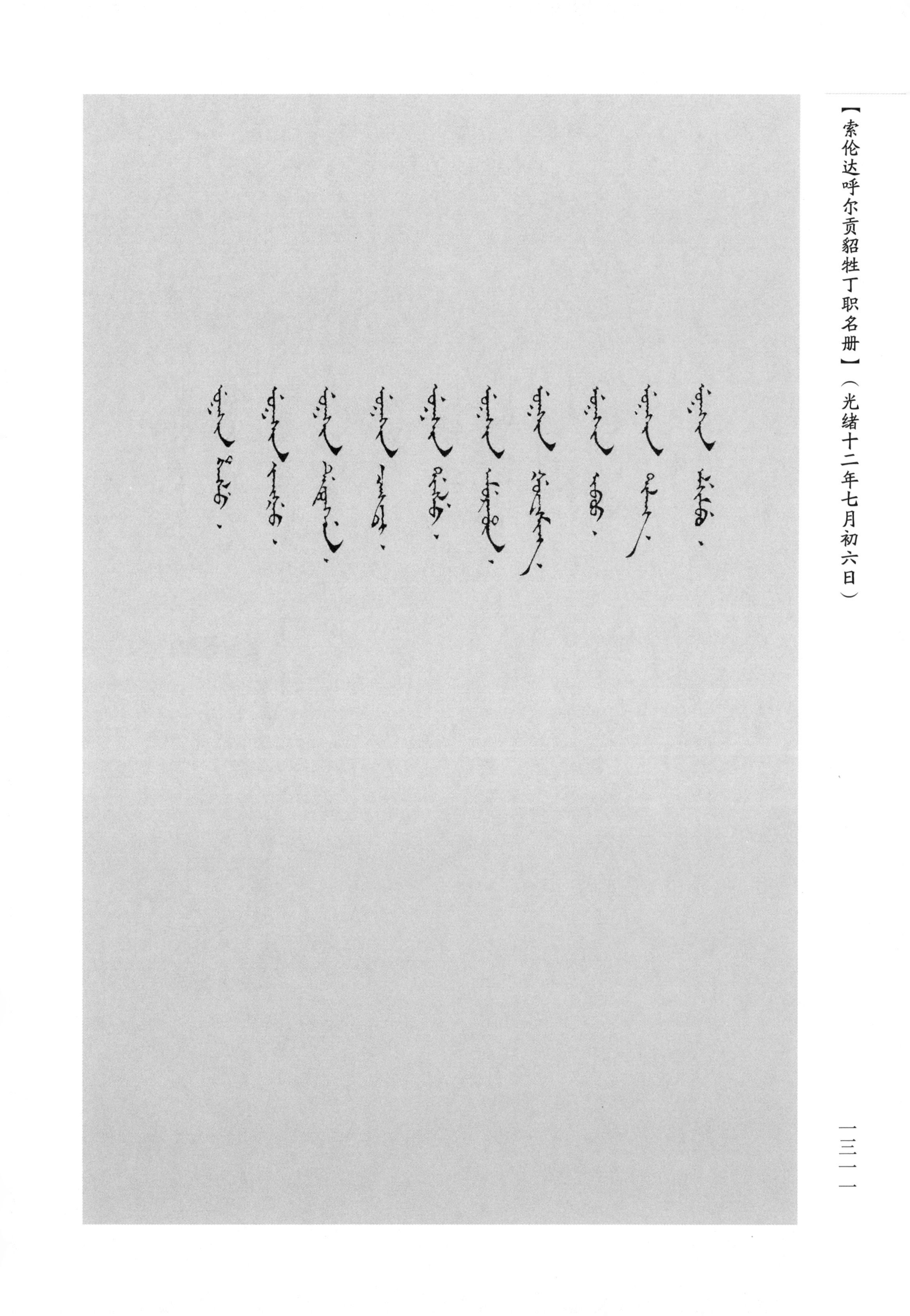

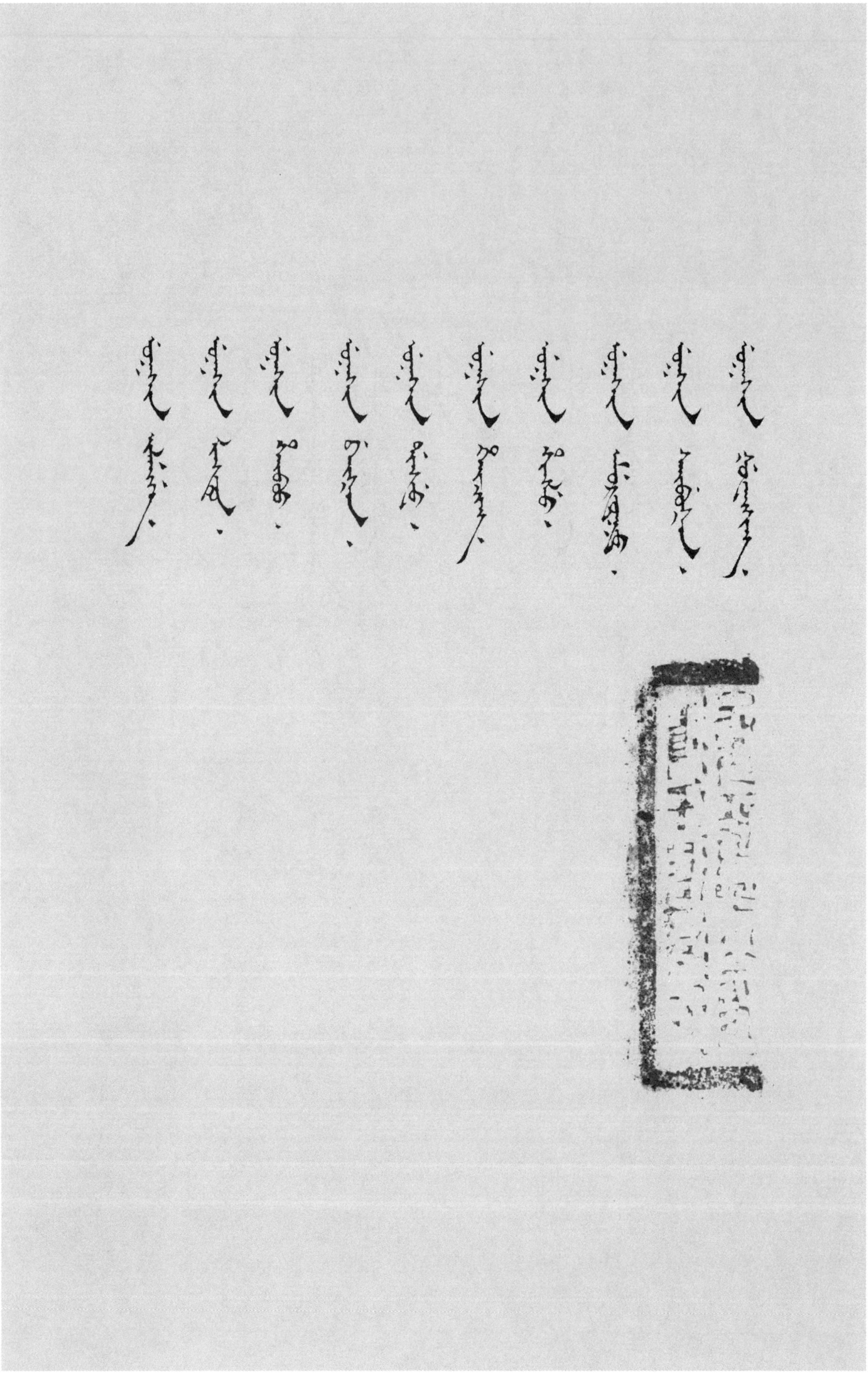

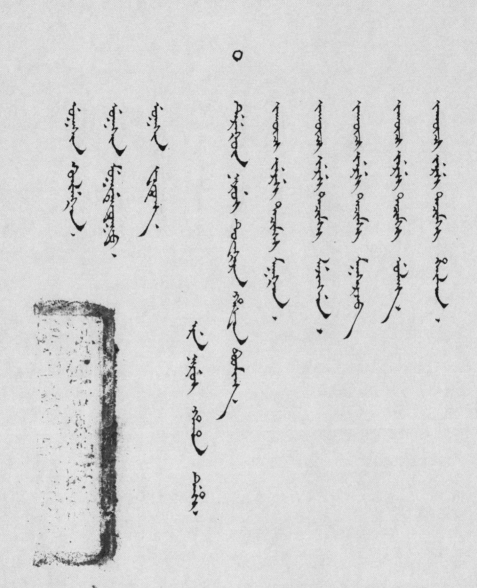

[illegible]

[illegible]

[illegible]

[illegible]

[illegible]

ᠪᠣᡧᠣᡴᡡ [illegible]

ᠪᠣᡧᠣᡴᡡ [illegible]

[illegible]

ᡠᡴᠰᡳᠨ ᠠᠨᡨᠣ᠈
ᡠᡴᠰᡳᠨ ᠨᠠᠰᡠᠩᡤᠣ᠈
ᡠᡴᠰᡳᠨ ᠪᠣᠣᠪᠣ᠈
ᡠᡴᠰᡳᠨ ᠰᡝᠩᡤᡝᠪᠣ᠈
ᡠᡴᠰᡳᠨ ᠰᡝᠷᡝᠩᡤᡝ᠈
ᡠᡴᠰᡳᠨ ᠰᡳᠩᡤᡳᠶᠠ᠈
ᡠᡴᠰᡳᠨ ᠪᠣᠣᠪᠣᠣᠪᠣ᠈
ᡠᡴᠰᡳᠨ ᡴᠣᠯᠪᠣ᠈
ᡠᡴᠰᡳᠨ ᠰᡳᠩᡤᡝ᠈
ᡠᡴᠰᡳᠨ ᡴᠣᠩᡤᠣᠰᡳᠪᡠ᠈

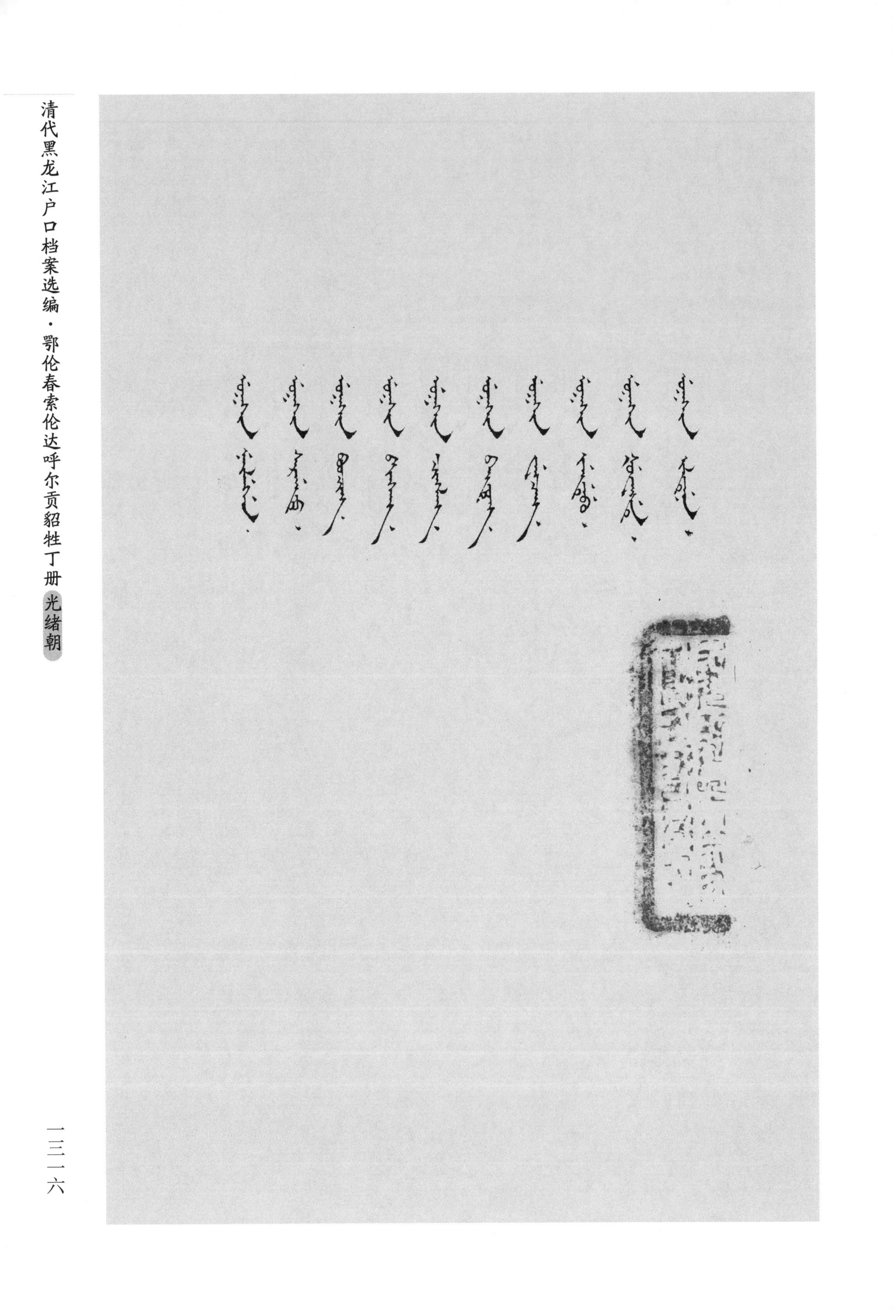

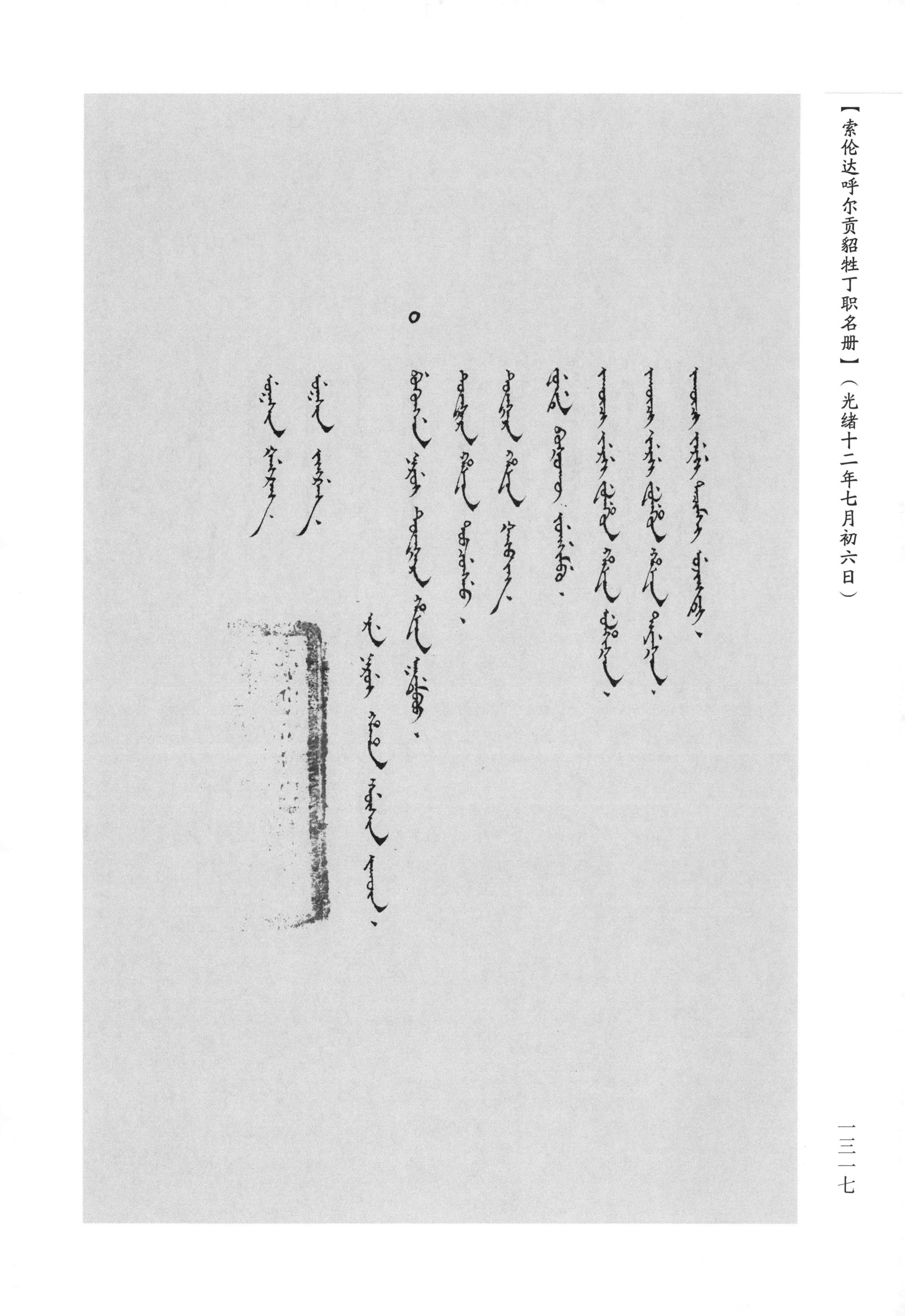

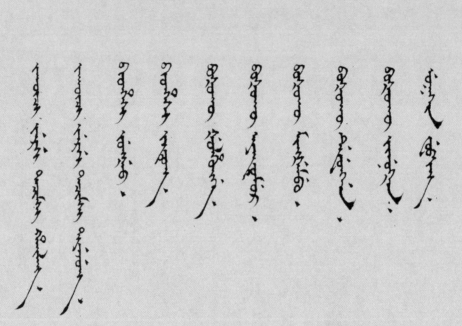

ᡠᡴᠰᡳᠨ [illegible]

ᡠᡴᠰᡳᠨ [illegible]

ᡠᡴᠰᡳᠨ [illegible]

ᡠᡴᠰᡳᠨ [illegible]

ᡠᡴᠰᡳᠨ [illegible]

ᡠᡴᠰᡳᠨ [illegible]

ᡠᡴᠰᡳᠨ [illegible]

ᡠᡴᠰᡳᠨ [illegible]

ᡠᡴᠰᡳᠨ [illegible]

ᡠᡴᠰᡳᠨ [illegible]

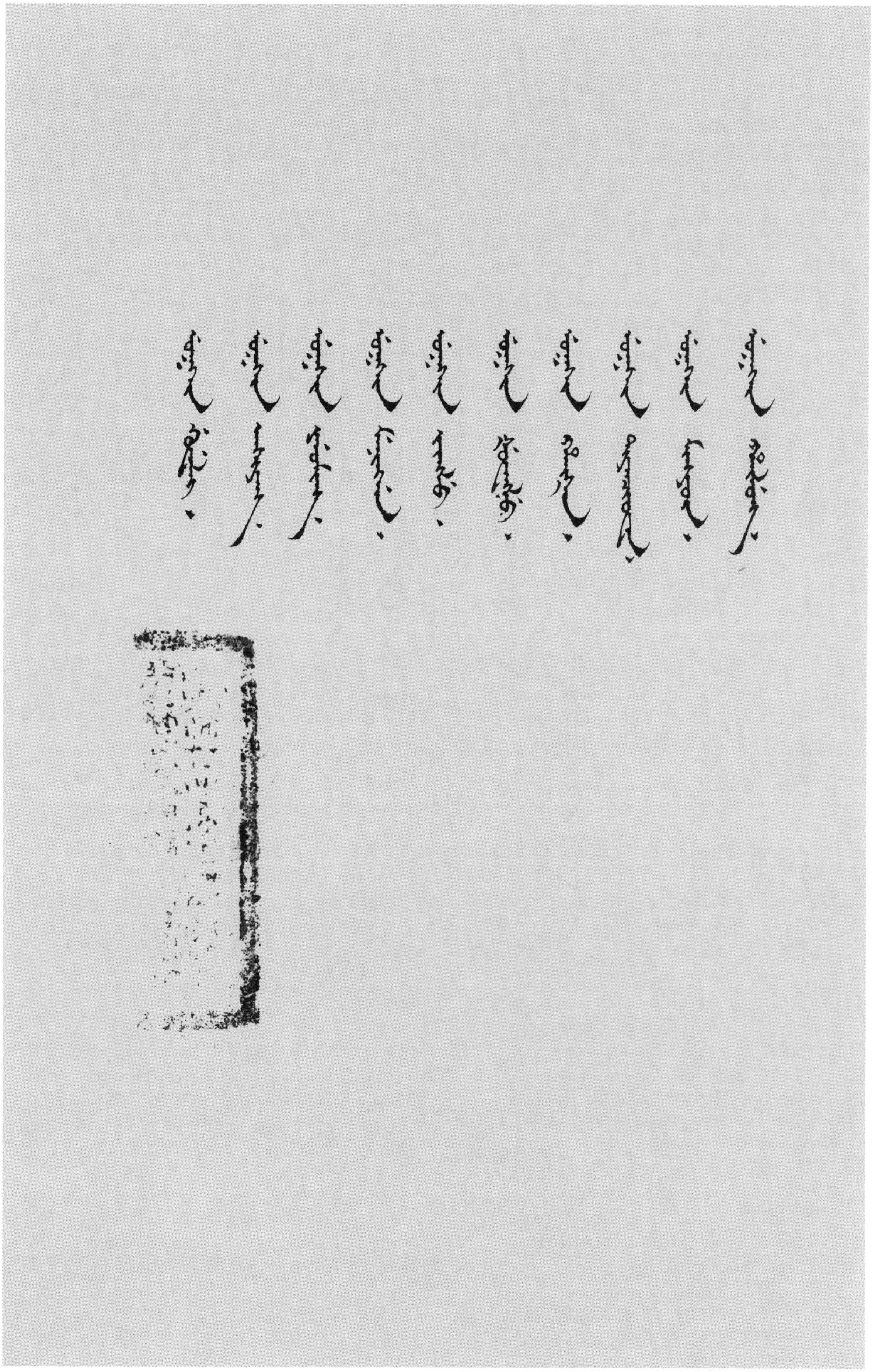

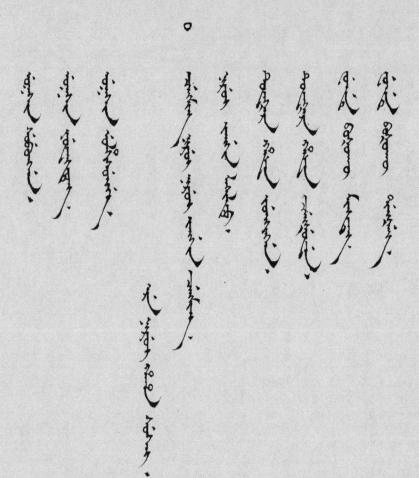

ᡠᡴᠰᡳᠨ ᠰᠠᠨᠵᠠᠨ ᠪᡠᡵᡳᠯᡝᡵᡝ ᠪᡠᡥᡳᠶᡝᡵᡝ ᠰᠠᠨᠵᡳᠶᠠ

ᡠᡴᠰᡳᠨ ᡥᠠᡴᠠᠨ ᠪᠠᠨᠵᡳᠪᡠ ᠪᠠᠶᠠᠨᠵᠠ

ᡠᡴᠰᡳᠨ ᡥᠠᡴᠠᠨ ᠪᠠᠨᠵᡳᠪᡠ ᠨᠠᠮᡠᠪᡠ

ᡠᡴᠰᡳᠨ ᡥᠠᡴᠠᠨ ᠪᠠᠨᠵᡳᠪᡠ ᠪᠠᠶᠠᠰᡥᡡᠯᠠᠩ

ᡠᡴᠰᡳᠨ ᡥᠠᡴᠠᠨ ᠪᠠᠨᠵᠠᠨᠪᡠ ᠪᠠᠨᠵᡳᠪᡠ

ᠪᠣᡧᠣᡴᡡ ᡩᠠᠨᠵᡳᠪᡠ

ᠪᠣᡧᠣᡴᡡ ᠪᡠᡵᡳᠯᡝᡵᡝ

ᠪᠣᡧᠣᡴᡡ ᠰᠠᠨᠵᡳᠪᡠ

ᠪᠣᡧᠣᡴᡡ ᡨᠠᠨᠵᡳᠪᡠ

ᠪᠣᡧᠣᡴᡡ ᠰᠠᠨᠵᡳᠪᡠ

ᠪᠣᡧᠣᡴᡡ [illegible]

ᡠᡴᠰᡳᠨ [illegible]

ᡠᡴᠰᡳᠨ [illegible]

ᡠᡴᠰᡳᠨ [illegible]

ᡠᡴᠰᡳᠨ [illegible]

ᡠᡴᠰᡳᠨ [illegible]

ᡠᡴᠰᡳᠨ [illegible]

ᡠᡴᠰᡳᠨ [illegible]

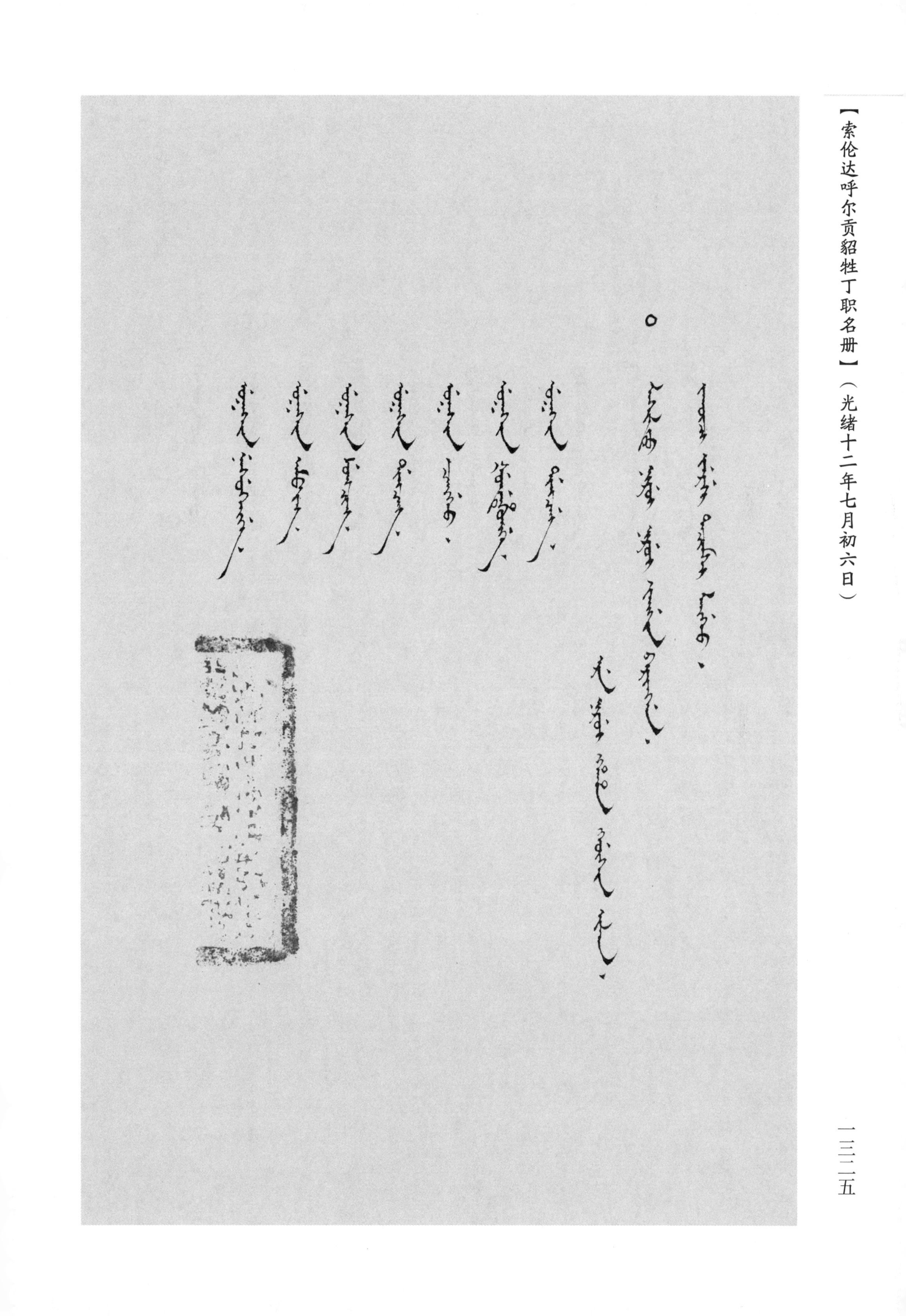

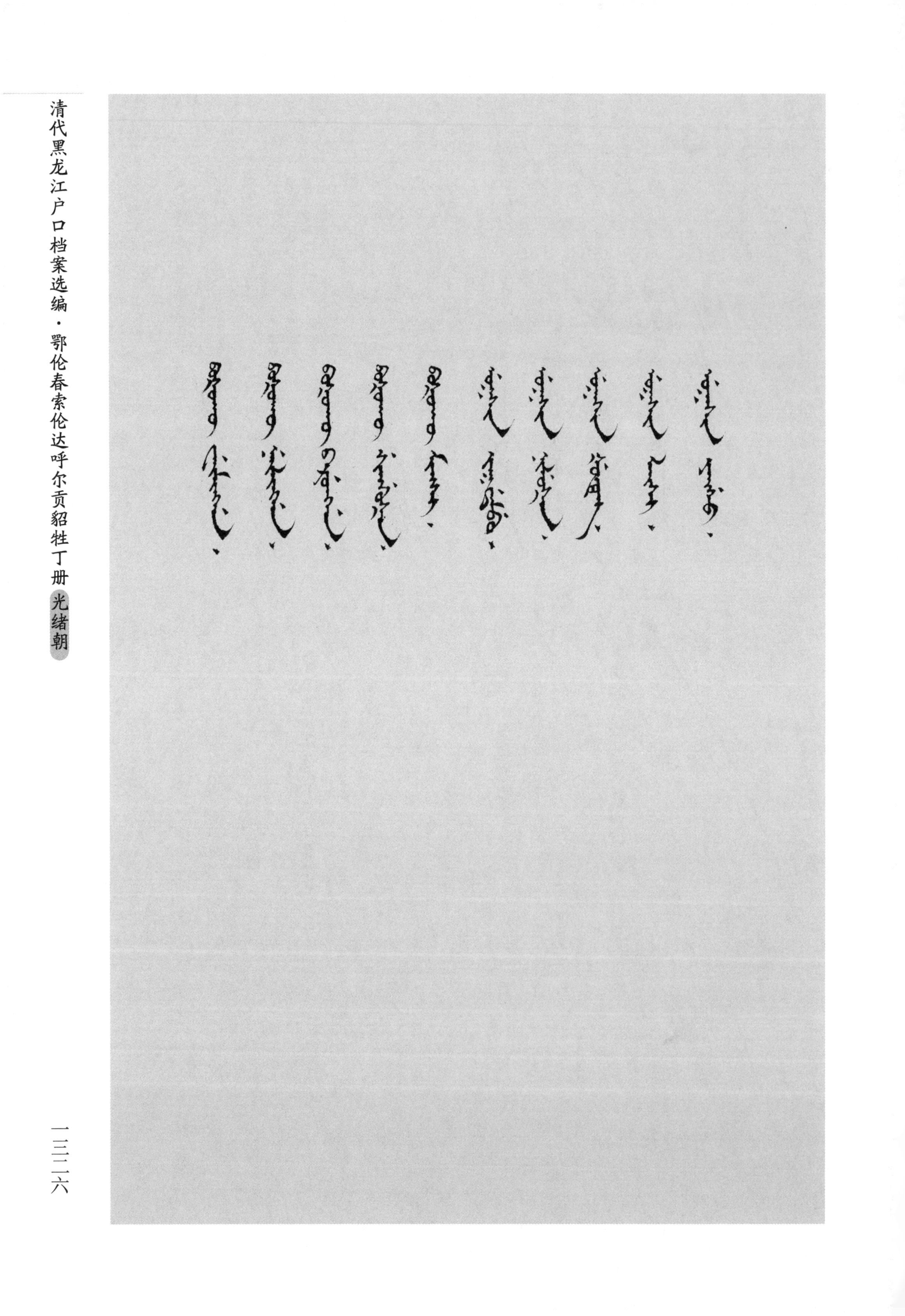

bošokū [illegible]

bošokū [illegible]

bošokū [illegible]

bošokū [illegible]

bošokū [illegible]

uksin [illegible]

uksin [illegible]

uksin [illegible]

uksin [illegible]

uksin [illegible]

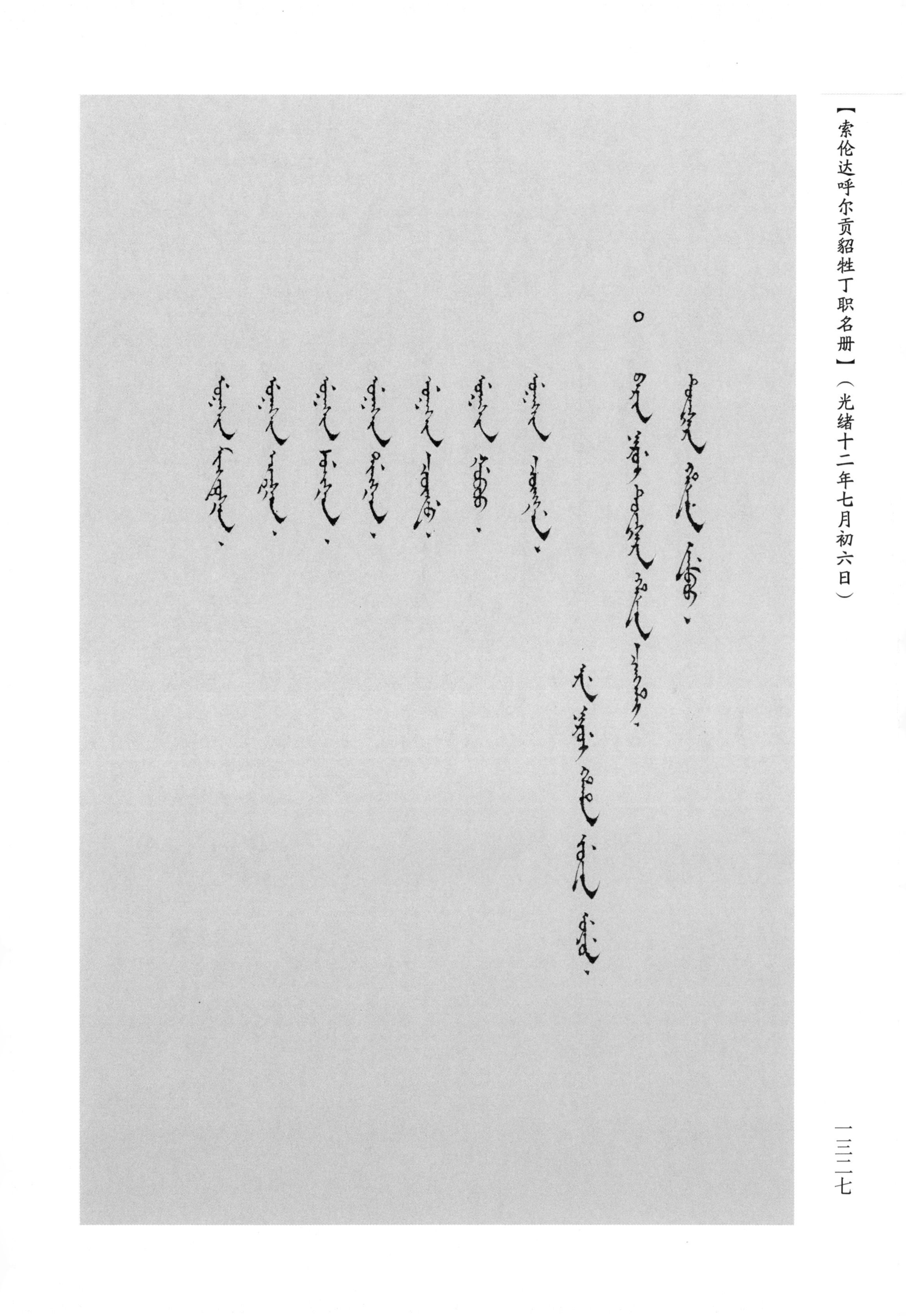

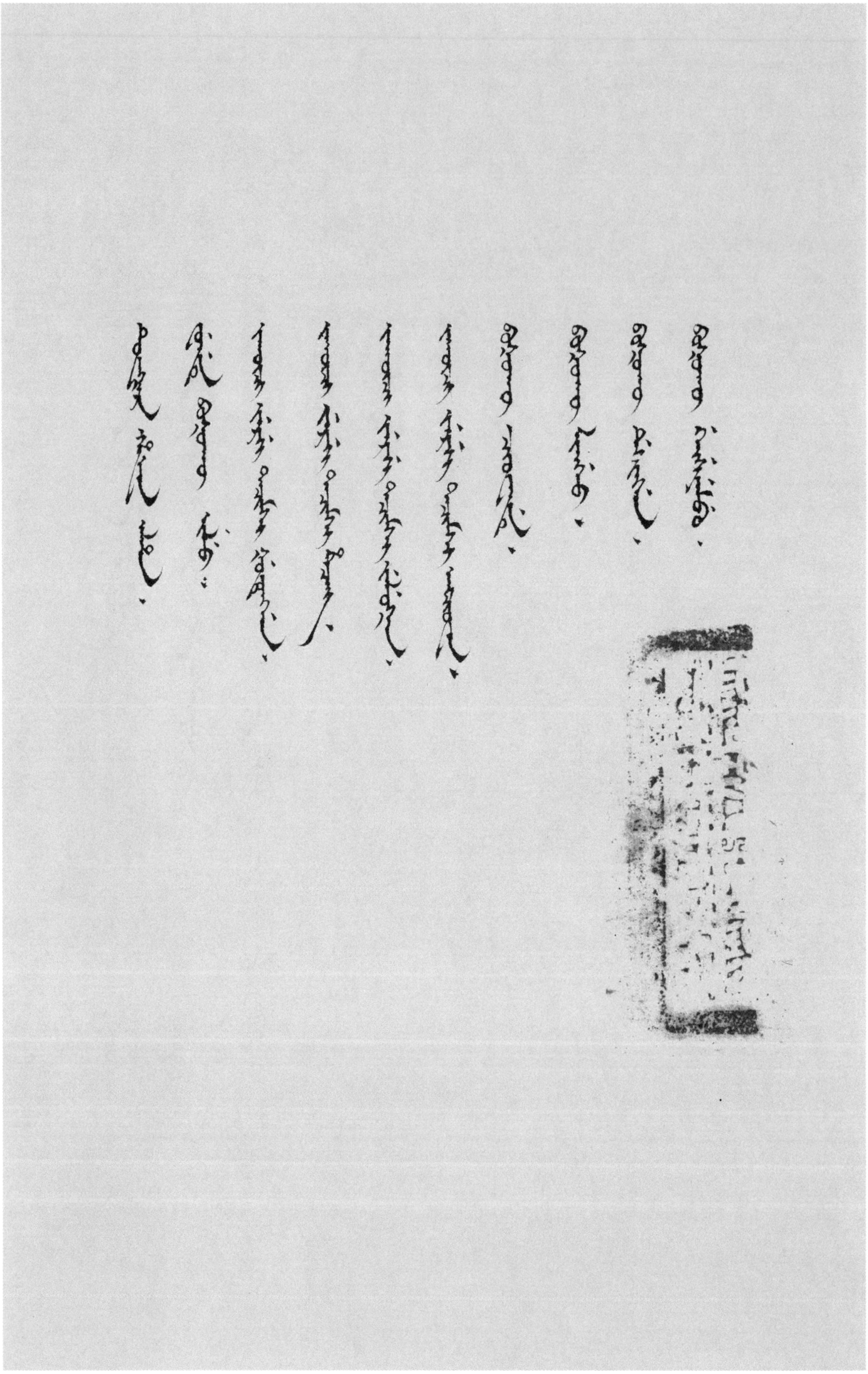

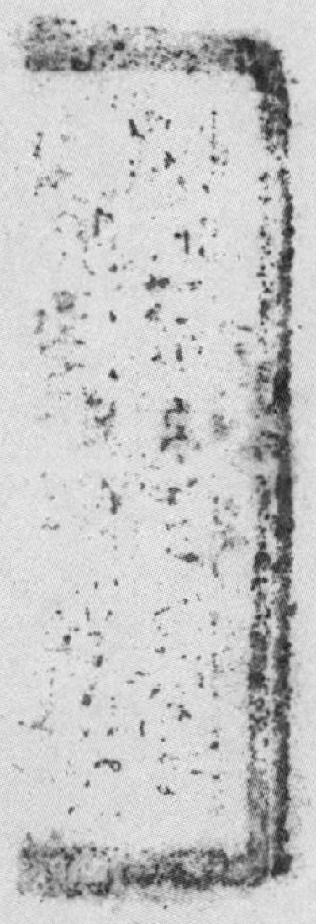

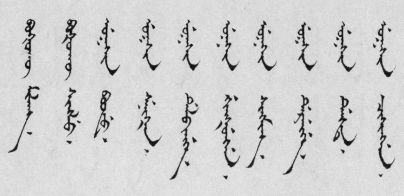

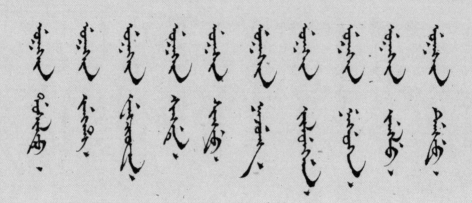

[illegible]

[illegible]

[illegible]

[illegible]

[illegible]

[illegible]

○ ᠪᠠᡩᠠᡵᠠᠩᡤᠠ ᡩᠣᡵᠣ ᡳ ᠵᡠᠸᠠᠨ ᠵᡠᠸᡝᠴᡳ ᠠᠨᡳᠶᠠ
ᠨᠠᡩᠠᠨ ᠪᡳᠶᠠᡳ ᡳᠴᡝ ᠨᡳᠩᡤᡠᠨ

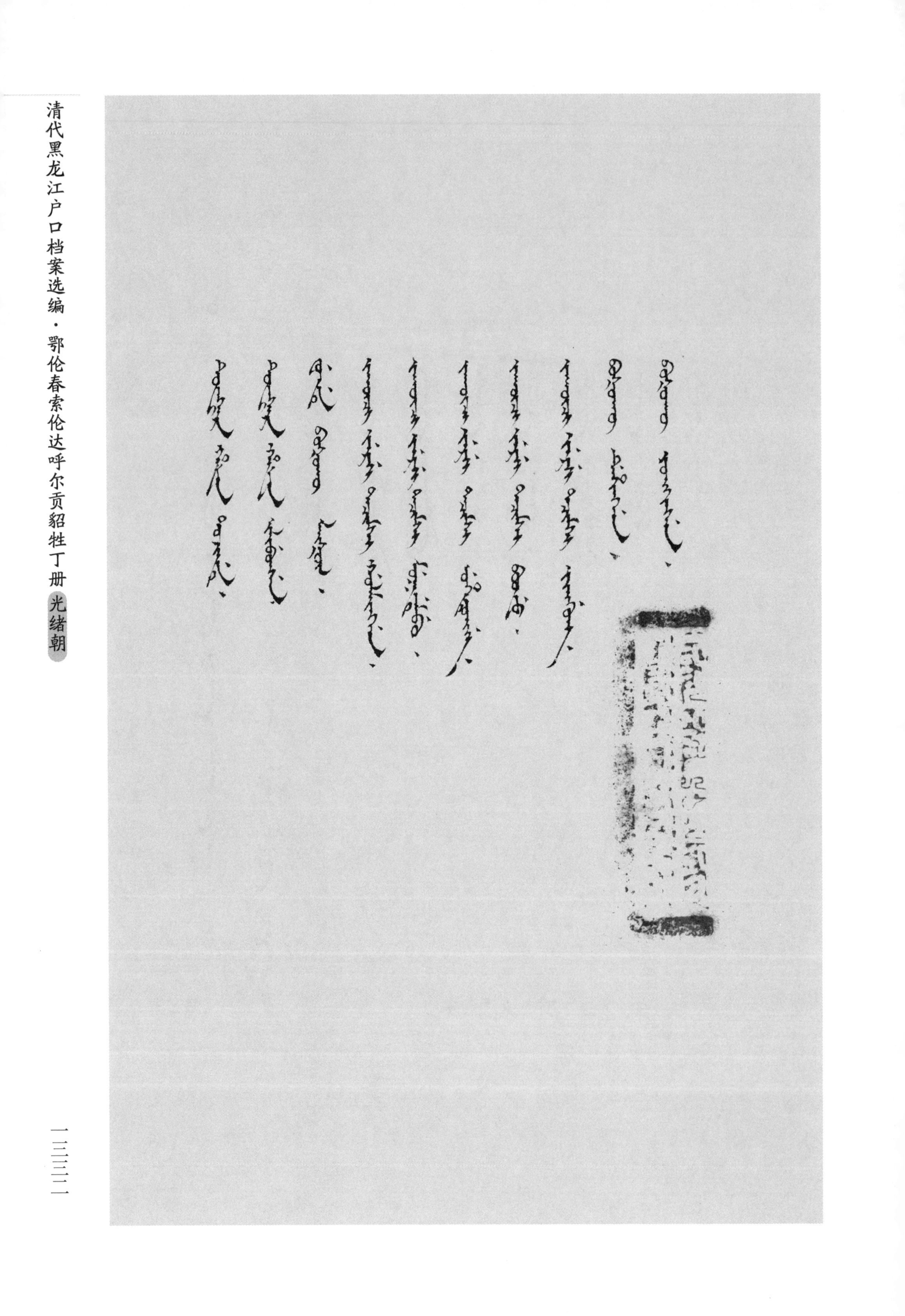

[illegible]

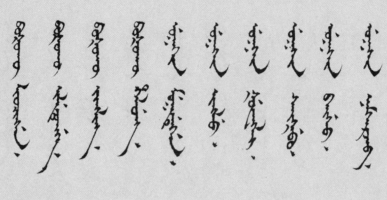

ᡠᡴᠰᡳᠨ [illegible]

ᡠᡴᠰᡳᠨ [illegible]

[illegible] [illegible]

ᡠᡴᠰᡳᠨ [illegible]

ᡠᡴᠰᡳᠨ [illegible]

ᡠᡴᠰᡳᠨ [illegible]

ᡠᡴᠰᡳᠨ [illegible]

ᡠᡴᠰᡳᠨ [illegible]

ᡠᡴᠰᡳᠨ [illegible]

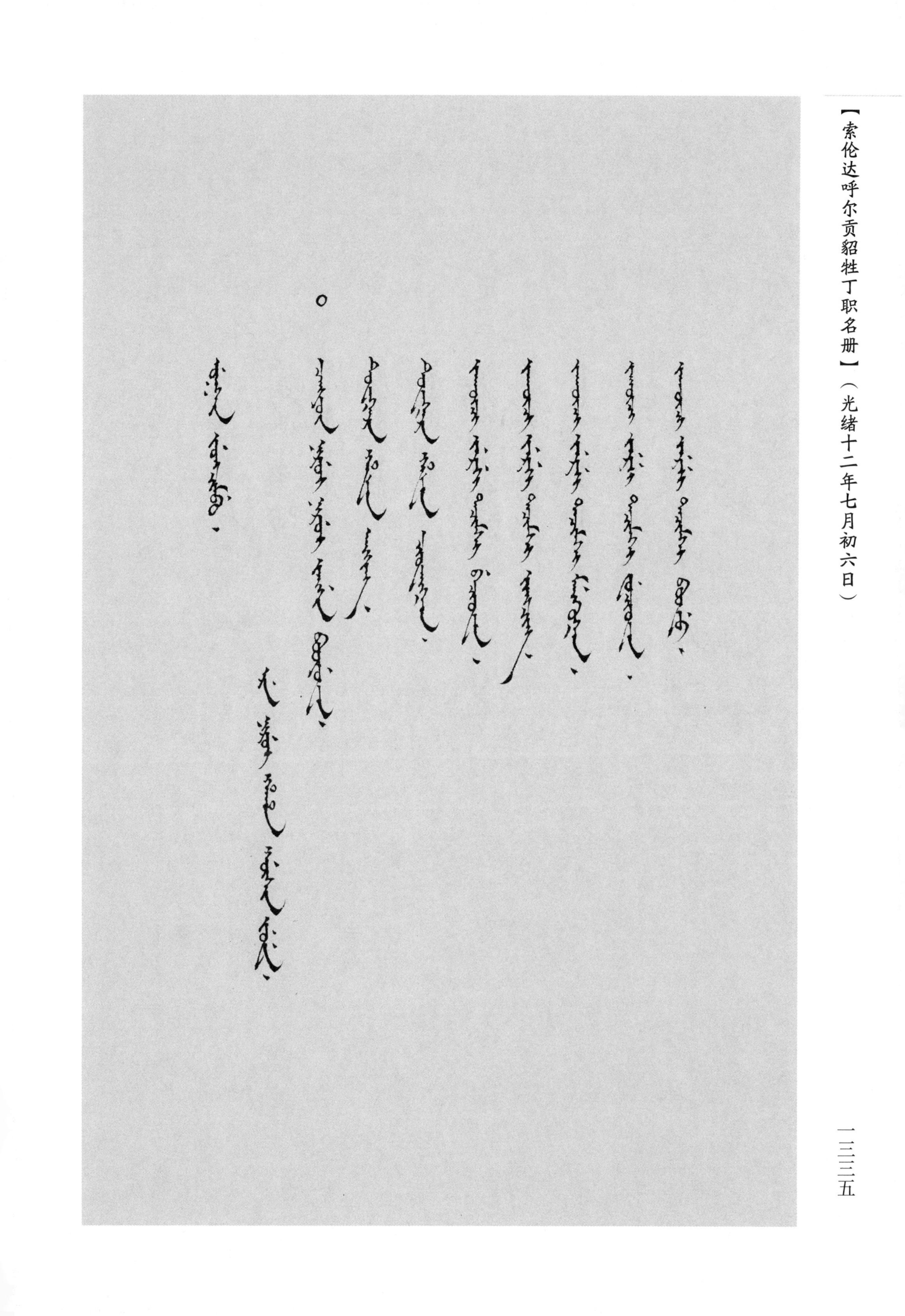

ᠵᠠᠩᡤᡳᠨ [illegible]

ᠪᠣᡧᠣᡴᡡ [illegible]

ᠪᠣᡧᠣᡴᡡ [illegible]

ᠪᠣᡧᠣᡴᡡ [illegible]

[illegible]

[illegible]

[illegible]

[illegible]
[illegible]
[illegible]
[illegible]
[illegible]
[illegible]
[illegible]
[illegible]

[illegible]

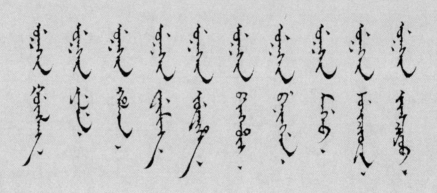

[illegible]

○ [illegible]

[illegible]

ᡠᡴᠰᡳᠨ [illegible]

ᡠᡴᠰᡳᠨ [illegible]

ᡠᡴᠰᡳᠨ [illegible]

ᡠᡴᠰᡳᠨ [illegible]

ᡠᡴᠰᡳᠨ [illegible]

ᡠᡴᠰᡳᠨ [illegible]

ᠵᠠᠩᡤᡳᠨ [illegible]

ᠵᠠᠩᡤᡳᠨ [illegible]

ᠵᠠᠩᡤᡳᠨ [illegible]

ᠵᠠᠩᡤᡳᠨ [illegible]

ᠵᠠᠩᡤᡳᠨ [illegible]

ᠪᠣᡧᡴᠣ [illegible]

ᠪᠣᡧᡴᠣ [illegible]

ᠪᠣᡧᡴᠣ [illegible]

ᠪᠣᡧᡴᠣ [illegible]

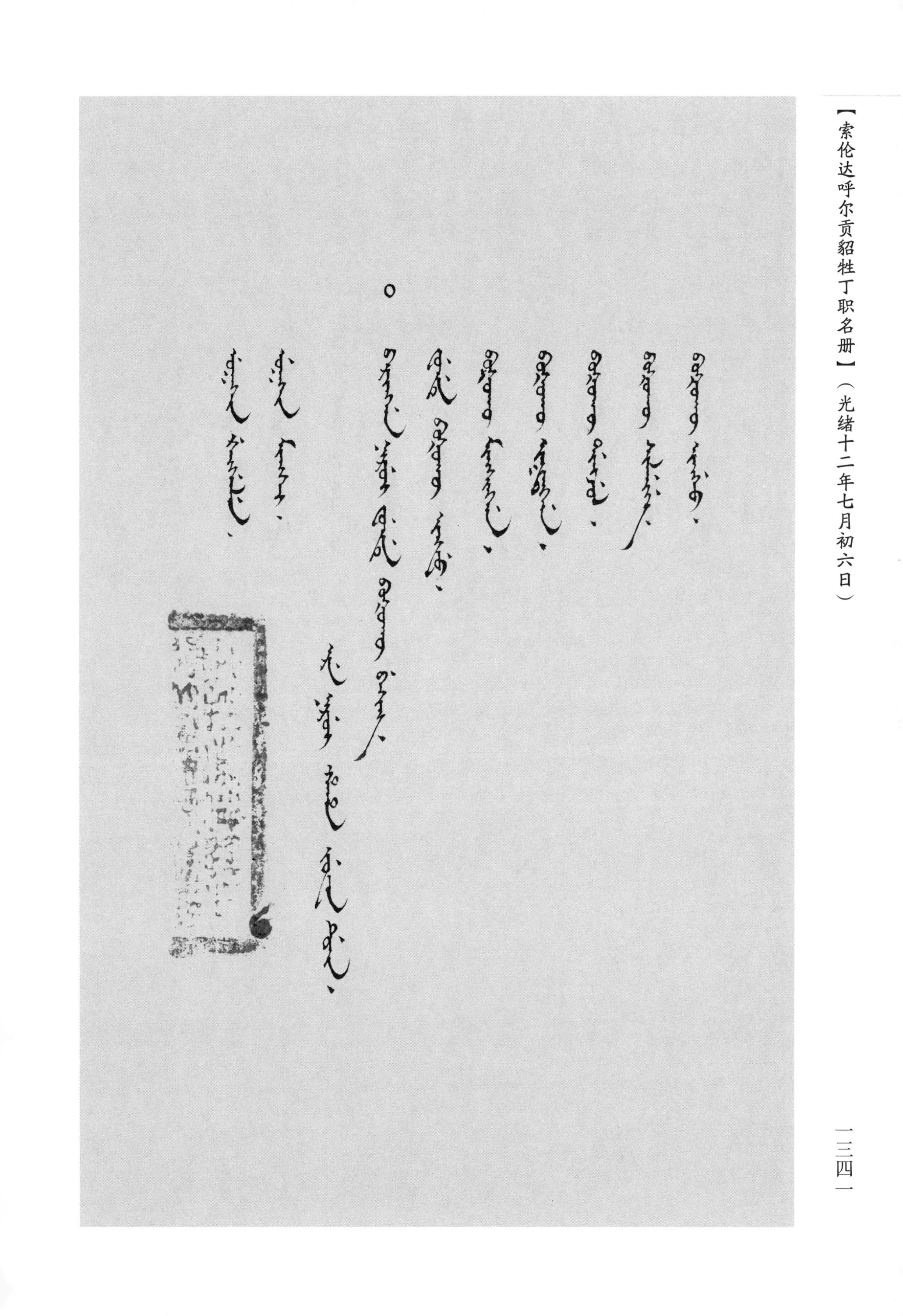

○

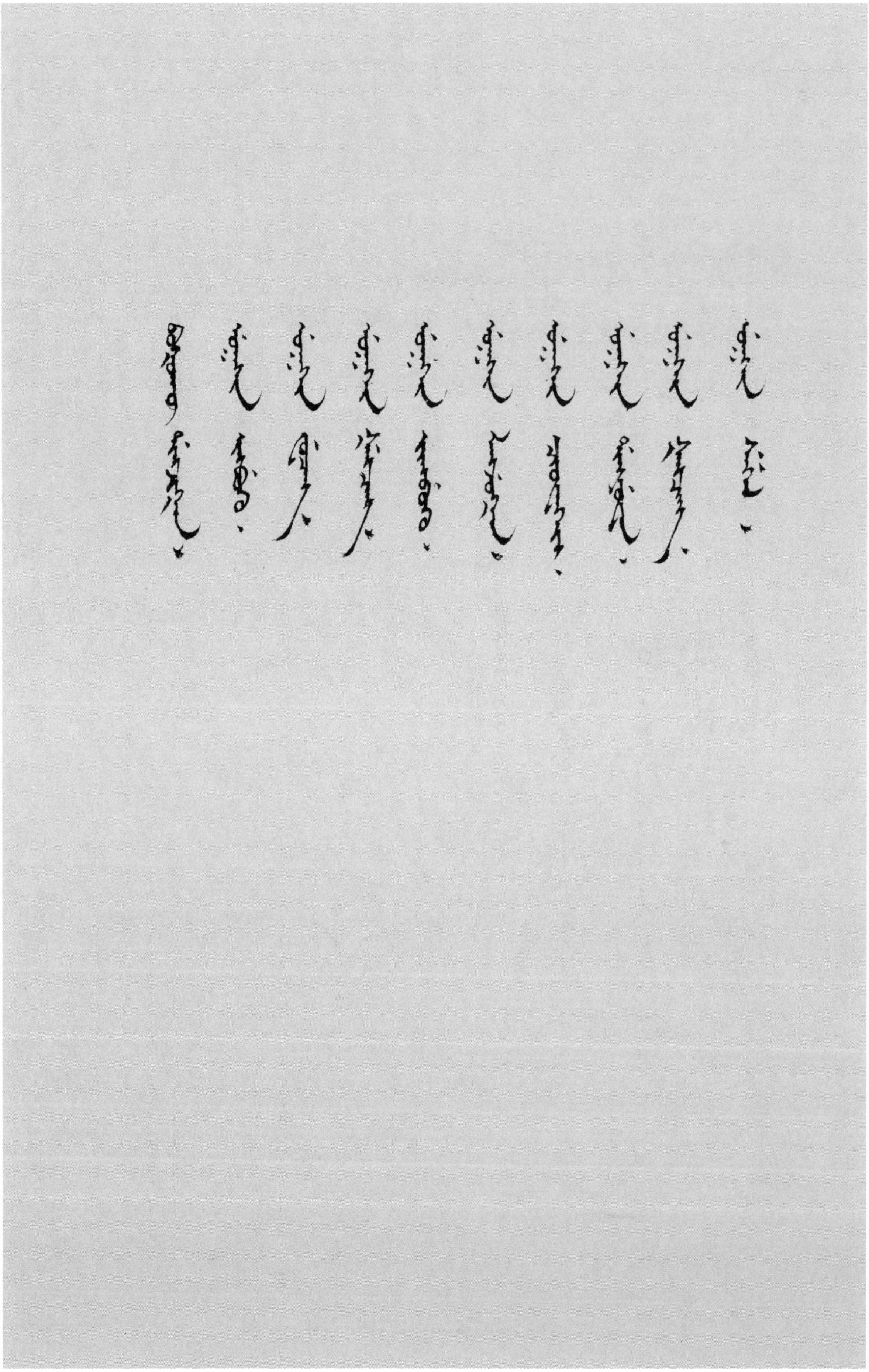

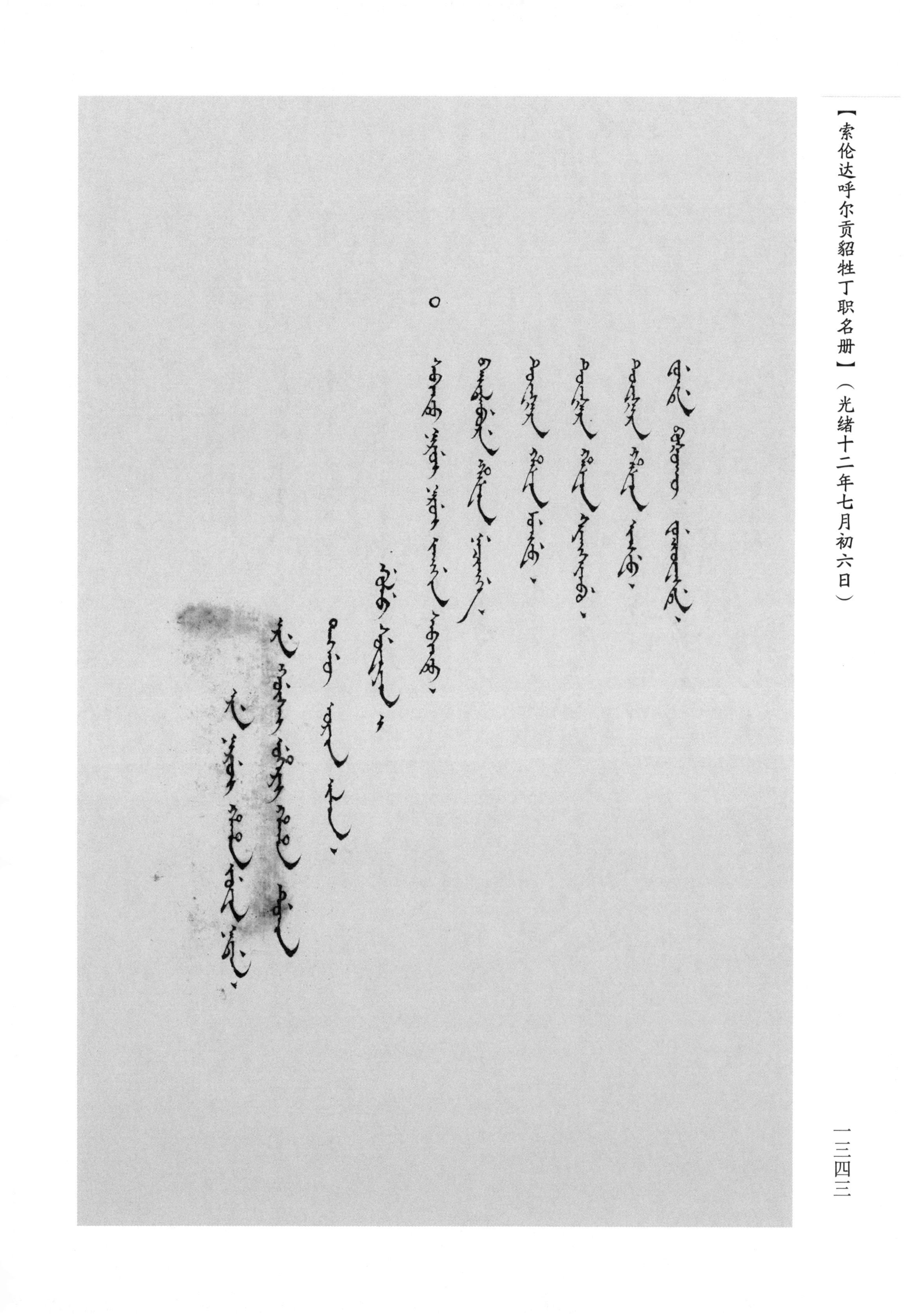

[illegible]

[illegible]

[illegible]

[illegible]

[illegible]

○ [illegible]

[illegible]

[illegible]

[illegible]

[illegible]

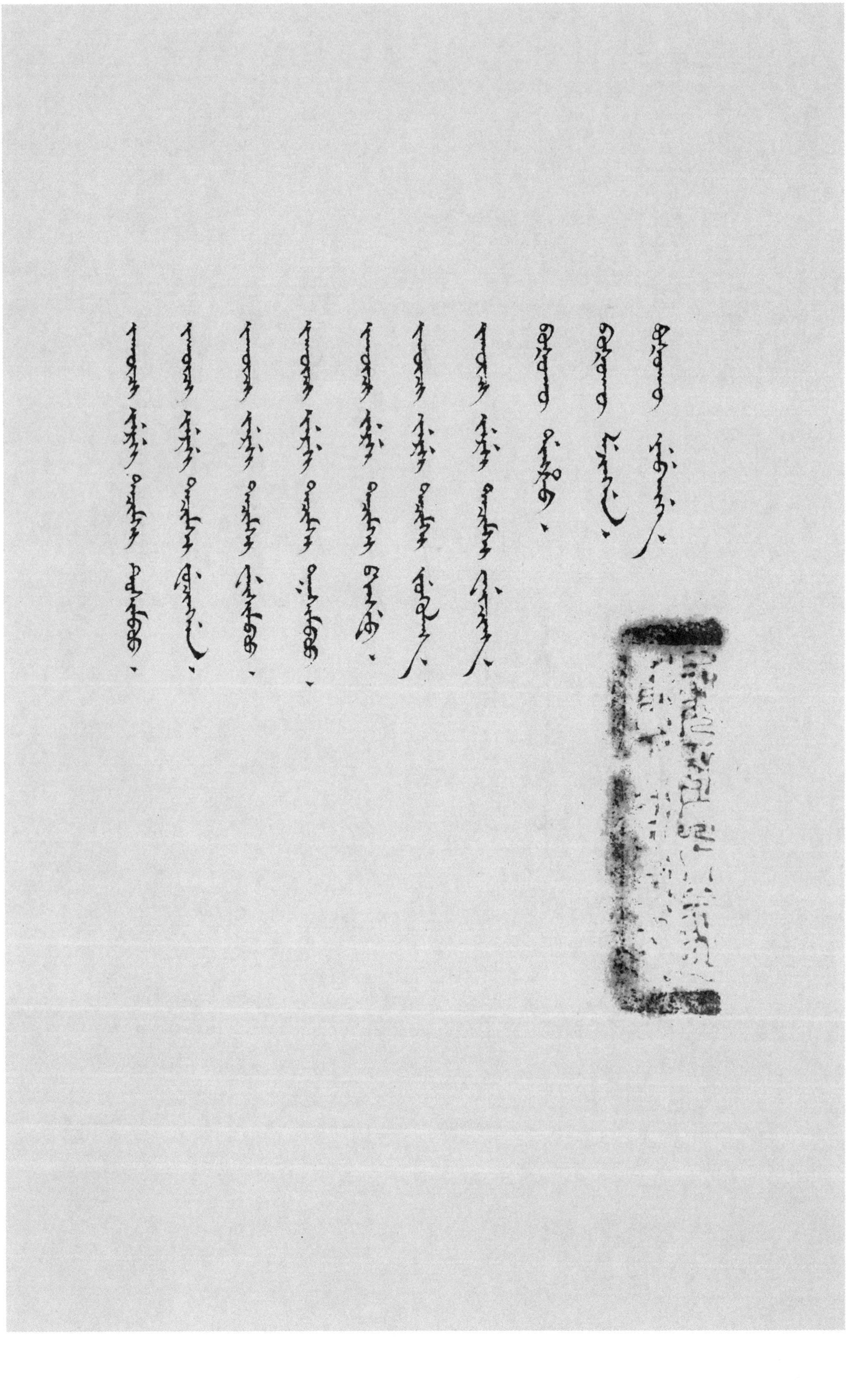

ᡠᡴᠰᡳᠨ [illegible]

ᡠᡴᠰᡳᠨ [illegible]

ᡠᡴᠰᡳᠨ [illegible]

ᡠᡴᠰᡳᠨ [illegible]

ᡠᡴᠰᡳᠨ [illegible]

ᡠᡴᠰᡳᠨ [illegible]

ᠪᠣᡧᠣᡴᡡ [illegible]

ᠪᠣᡧᠣᡴᡡ [illegible]

ᠪᠣᡧᠣᡴᡡ [illegible]

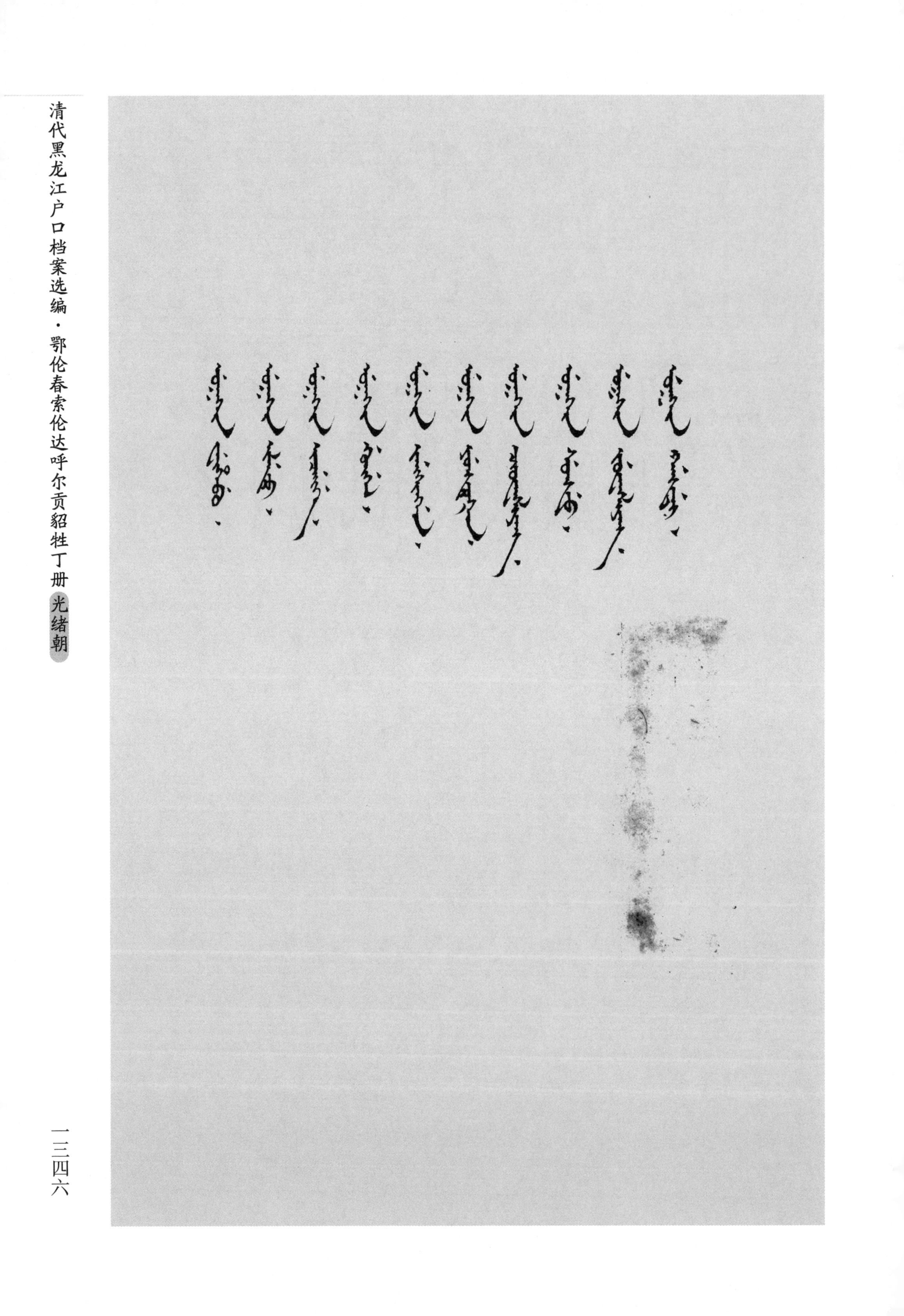

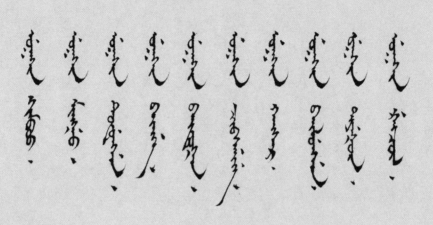

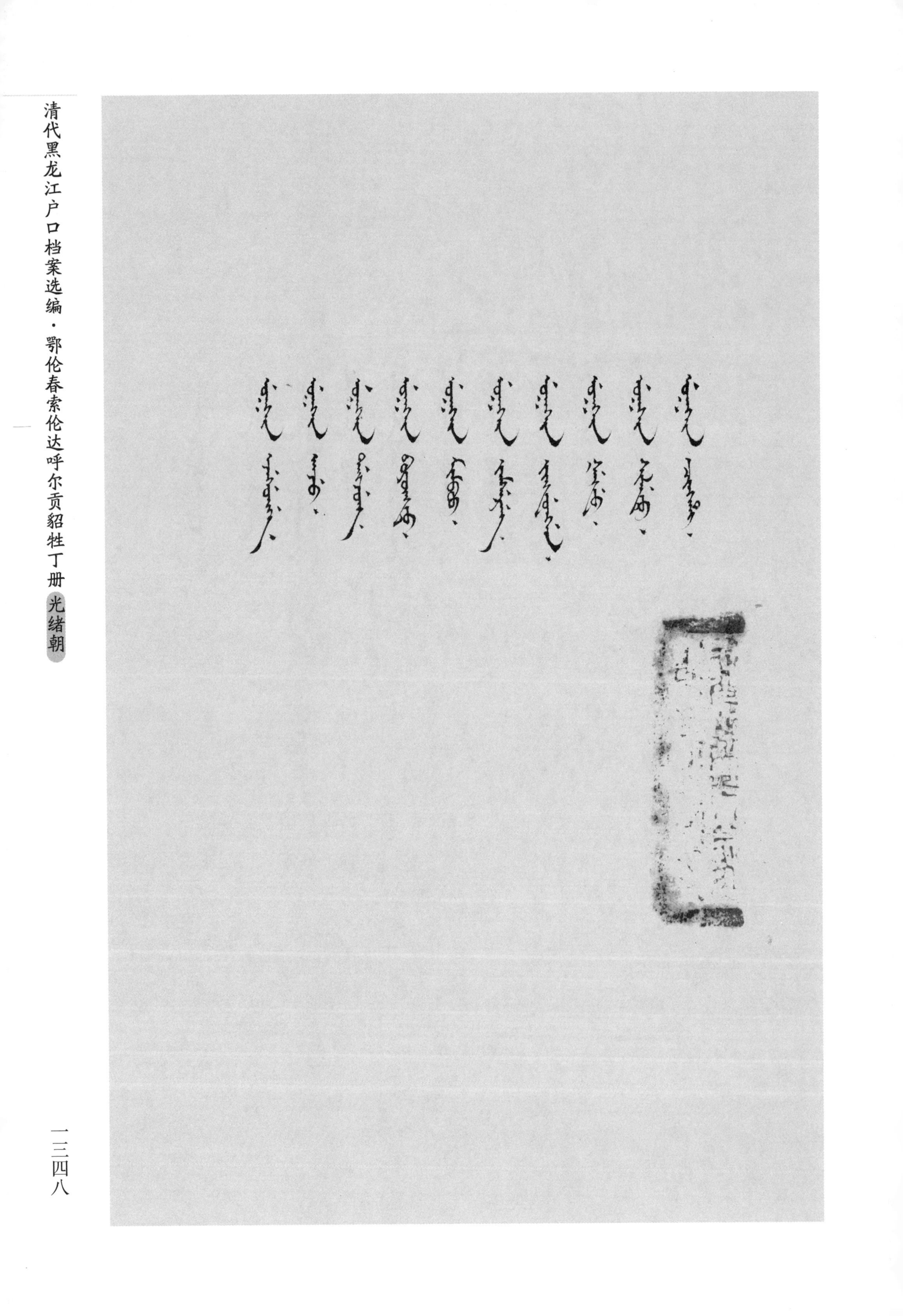

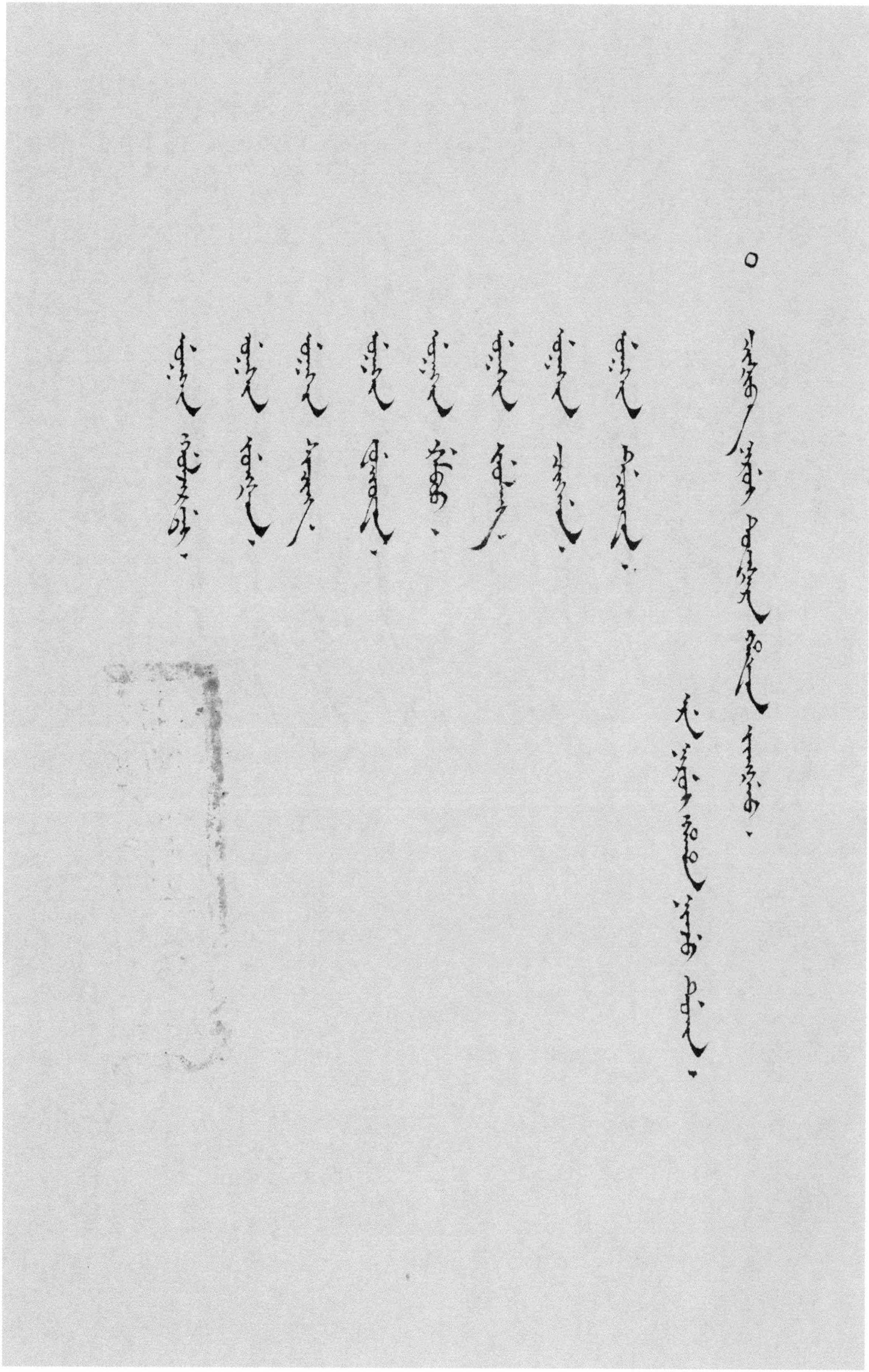

[illegible]

[illegible]

[illegible]

[illegible]

[illegible]

[illegible]

[illegible]

[illegible]

[illegible]

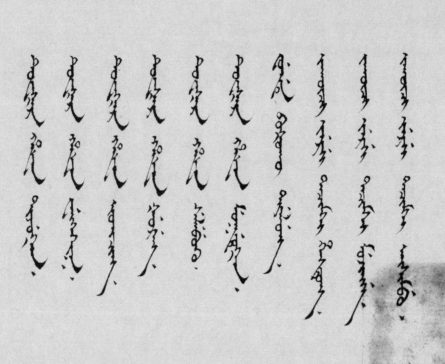

[illegible]

[illegible]

[illegible]

[illegible]

[illegible]

[illegible]

[illegible]

[illegible]

[illegible]

[illegible]

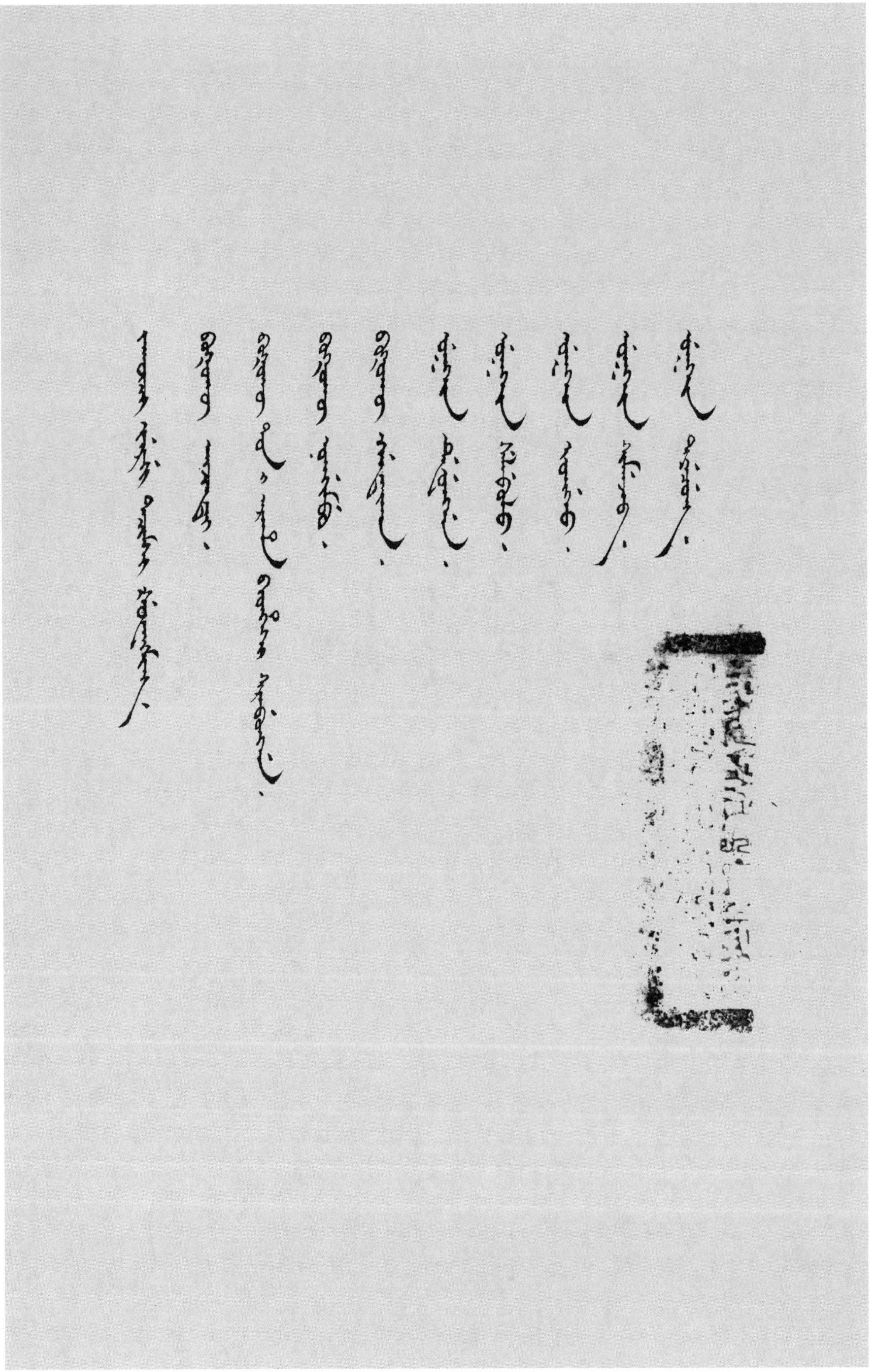

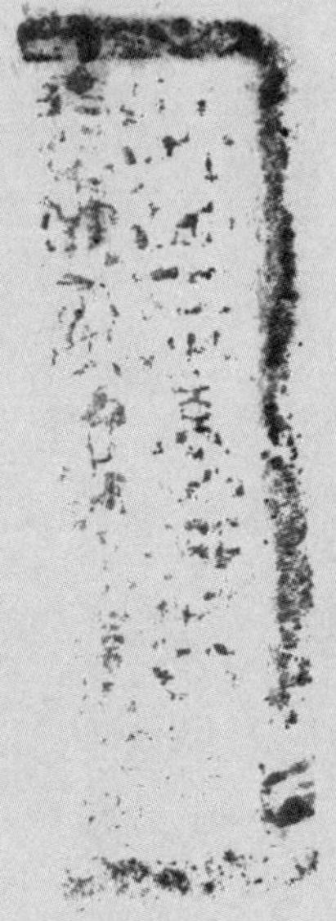

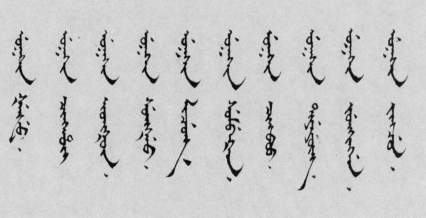

[illegible]
[illegible]
[illegible]
[illegible]
[illegible]
[illegible]
[illegible]
[illegible]
[illegible]
[illegible]

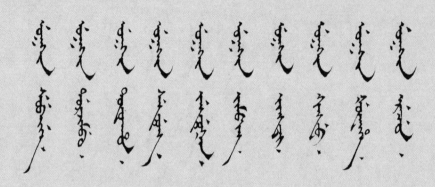

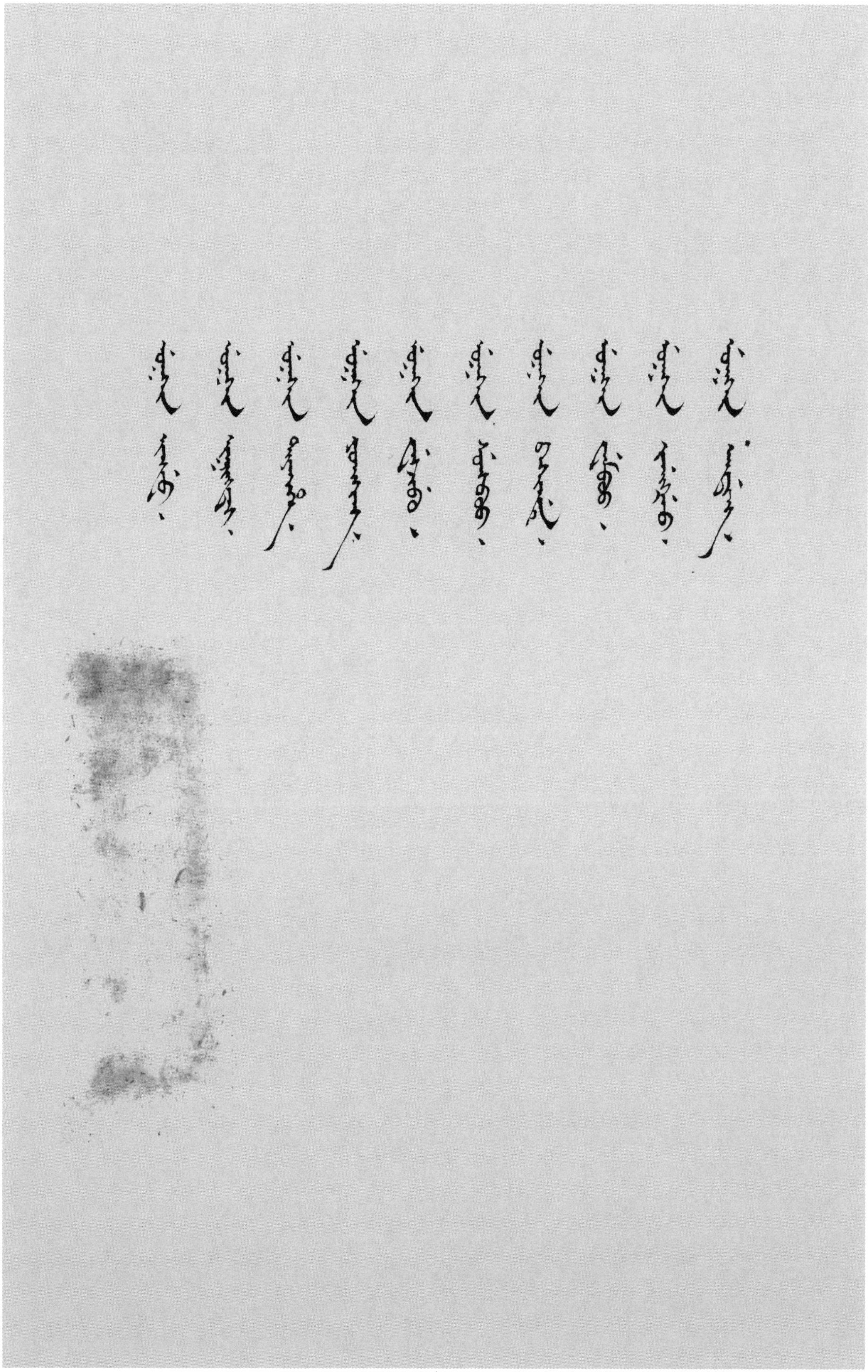

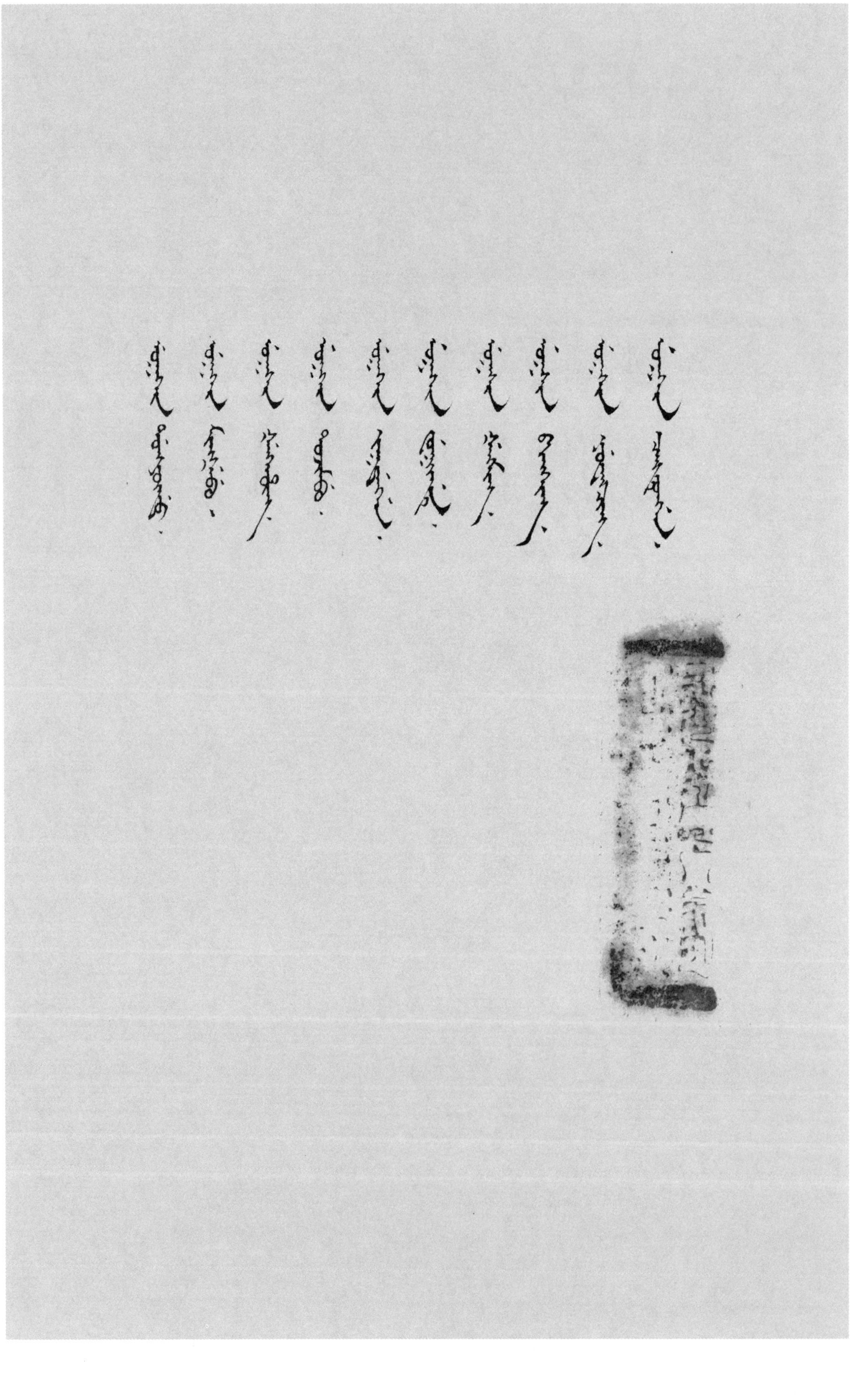

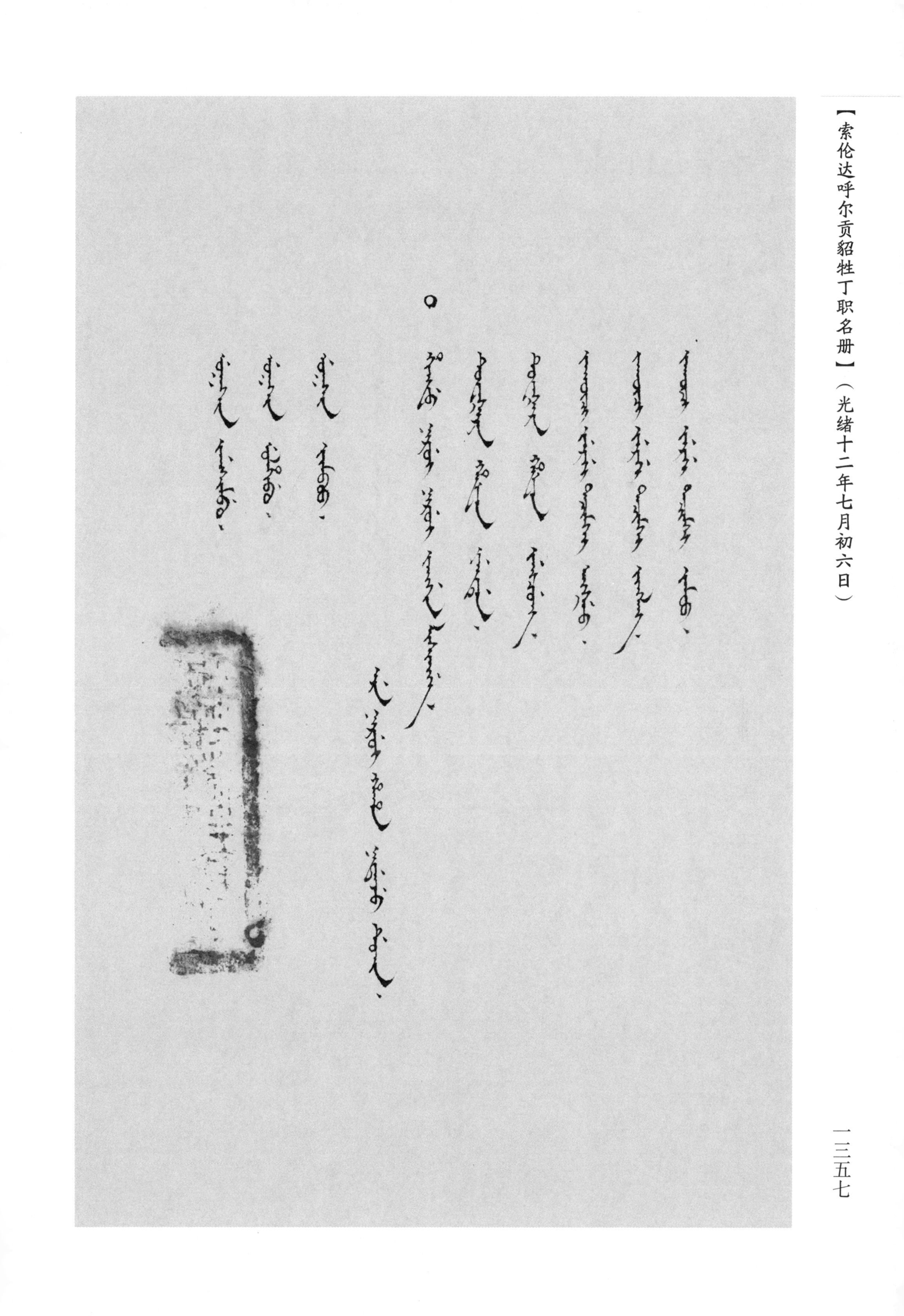

[illegible]

[illegible]

[illegible]

[illegible]

[illegible]

○ [illegible]

[illegible]

ᡠᡴᠰᡳᠨ [illegible]

ᡠᡴᠰᡳᠨ [illegible]

ᡠᡴᠰᡳᠨ [illegible]

[illegible]

[illegible]

[illegible]

[illegible]

[illegible]

[illegible]

[illegible]

[illegible]

[illegible]

[illegible]

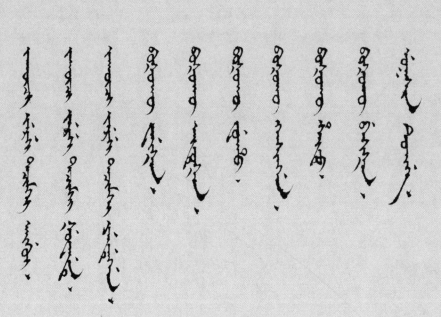

ᡠᡴᠰᡳᠨ [illegible]

ᡠᡴᠰᡳᠨ [illegible]

ᡠᡴᠰᡳᠨ [illegible]

ᡠᡴᠰᡳᠨ [illegible]

ᡠᡴᠰᡳᠨ [illegible]

ᡠᡴᠰᡳᠨ [illegible]

ᡠᡴᠰᡳᠨ [illegible]

ᡠᡴᠰᡳᠨ [illegible]

ᡠᡴᠰᡳᠨ [illegible]

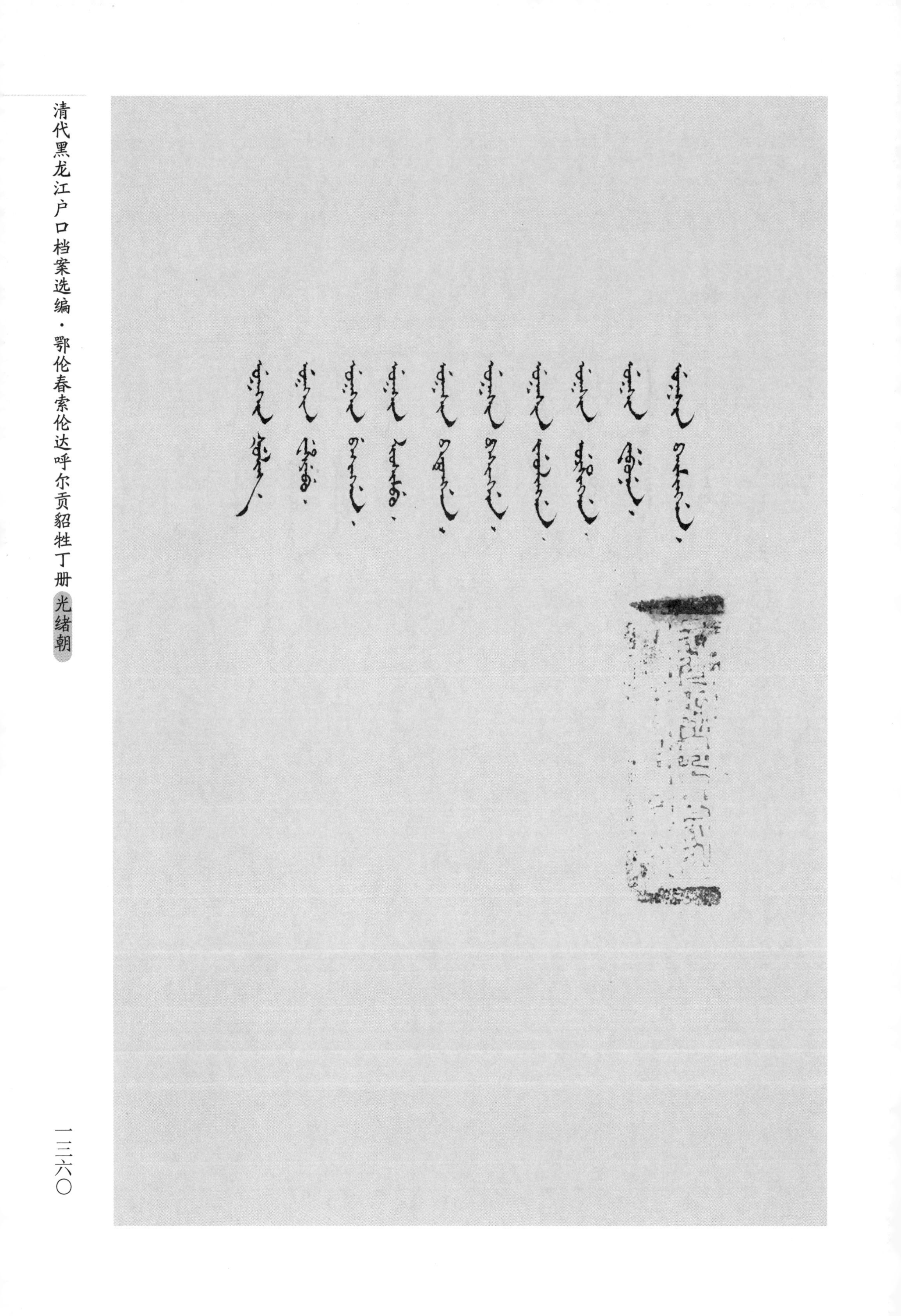

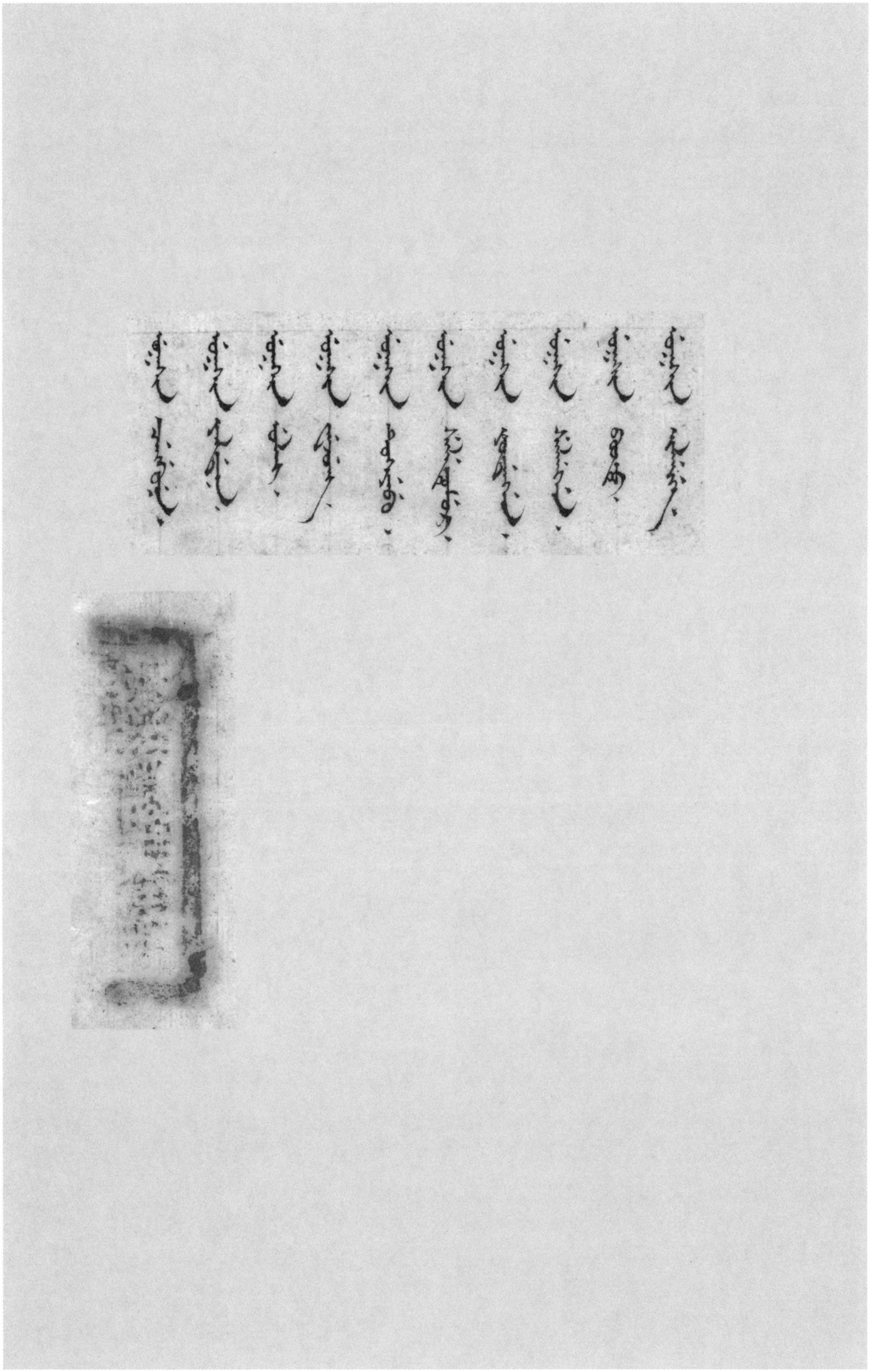

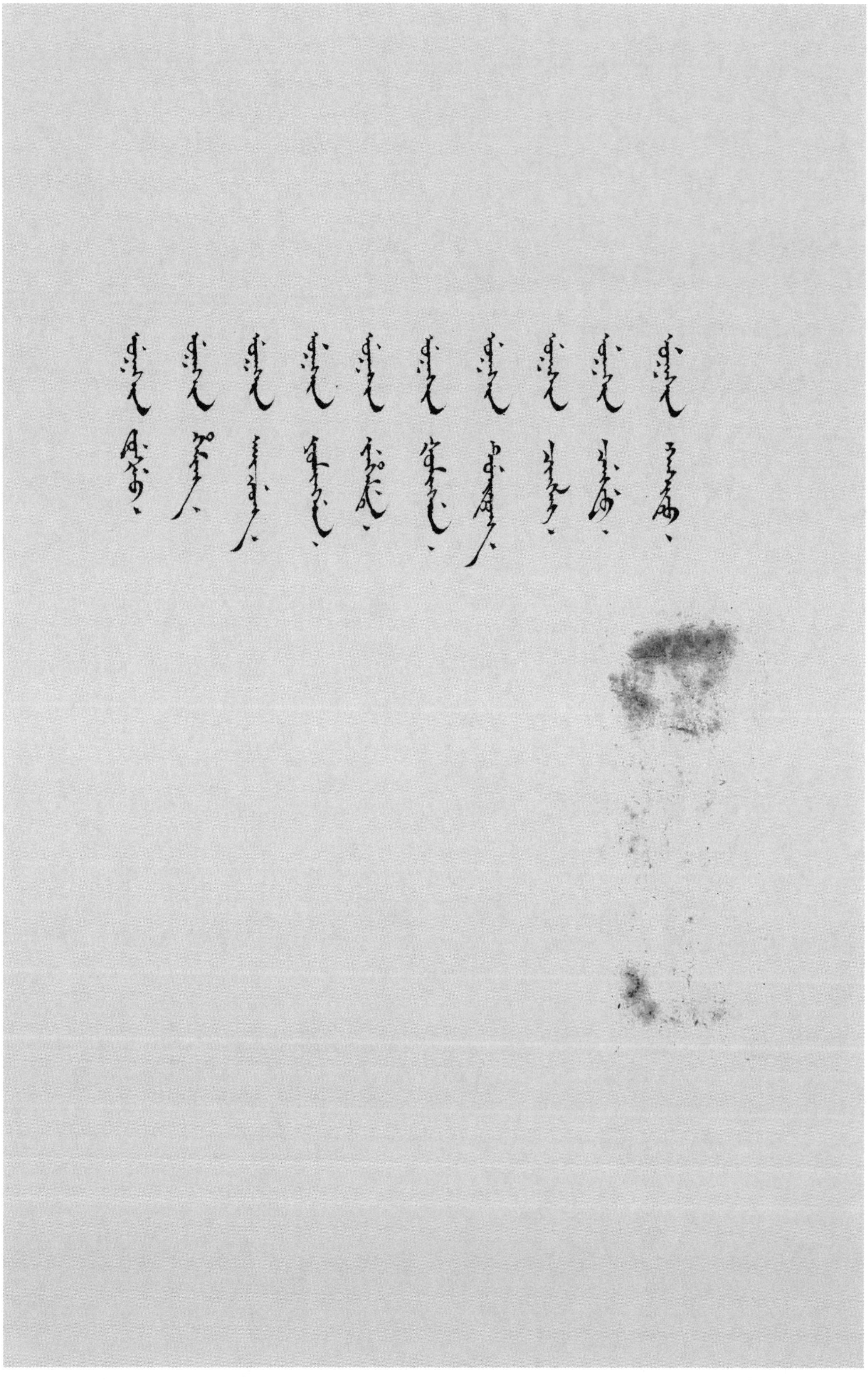

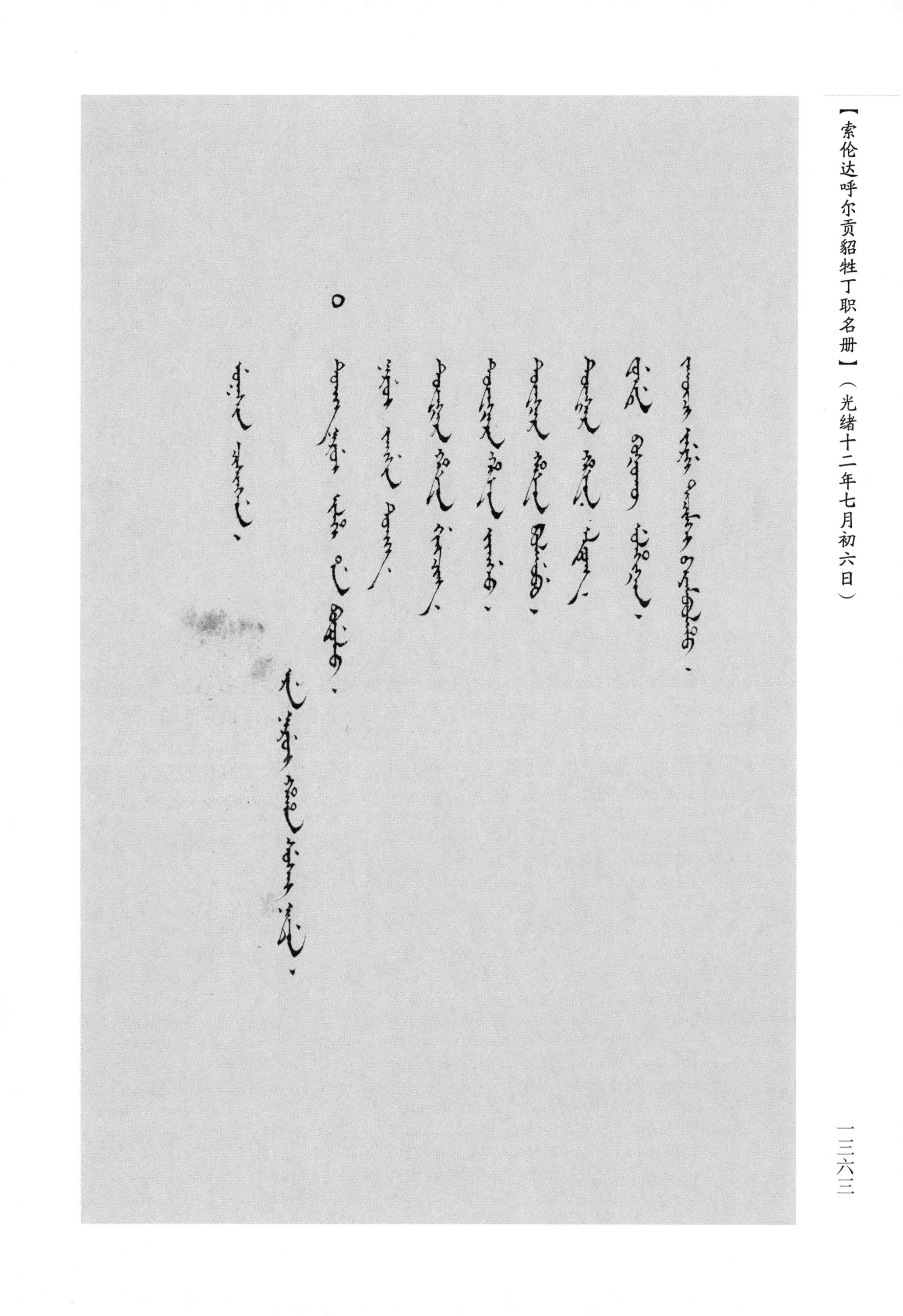

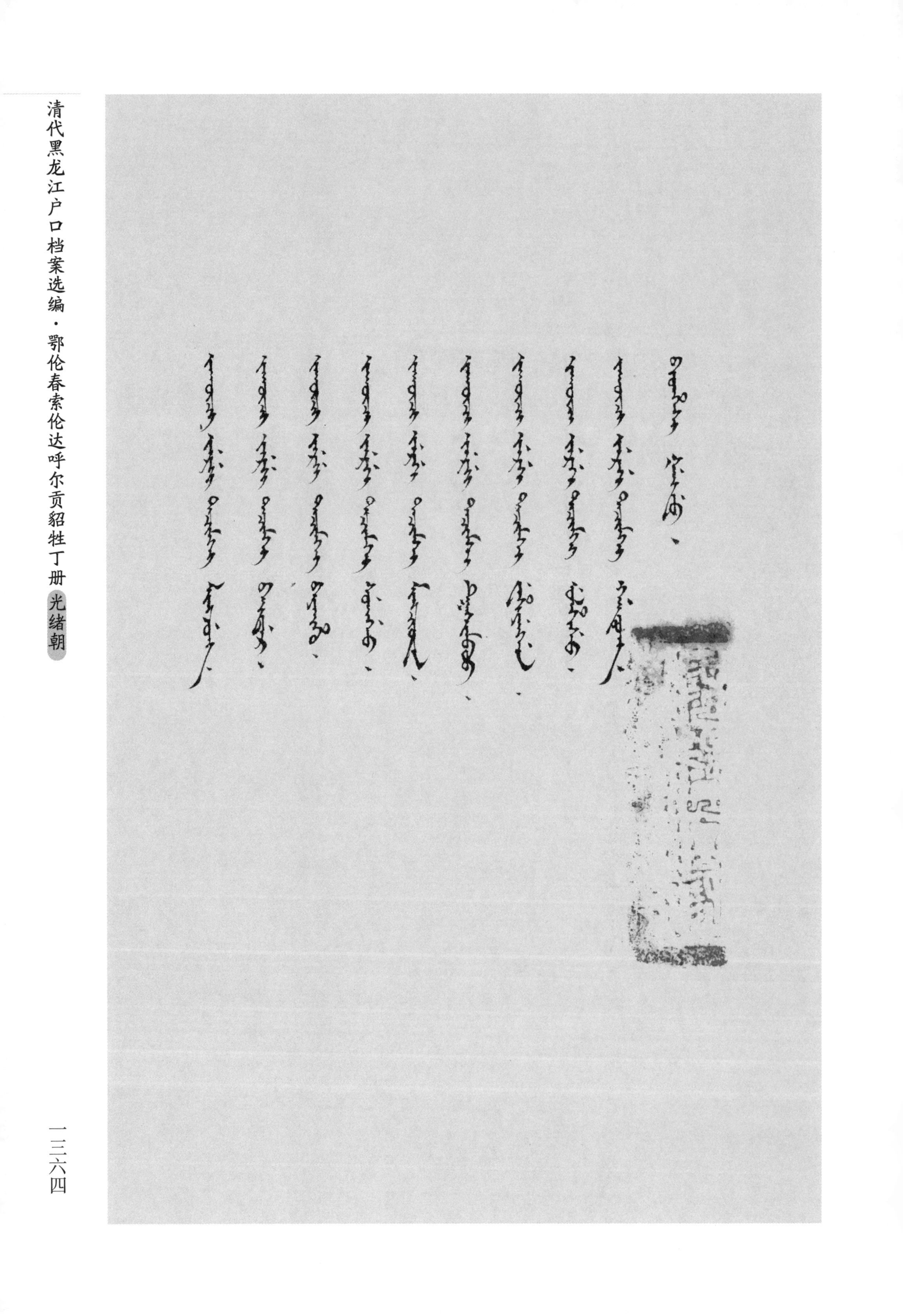

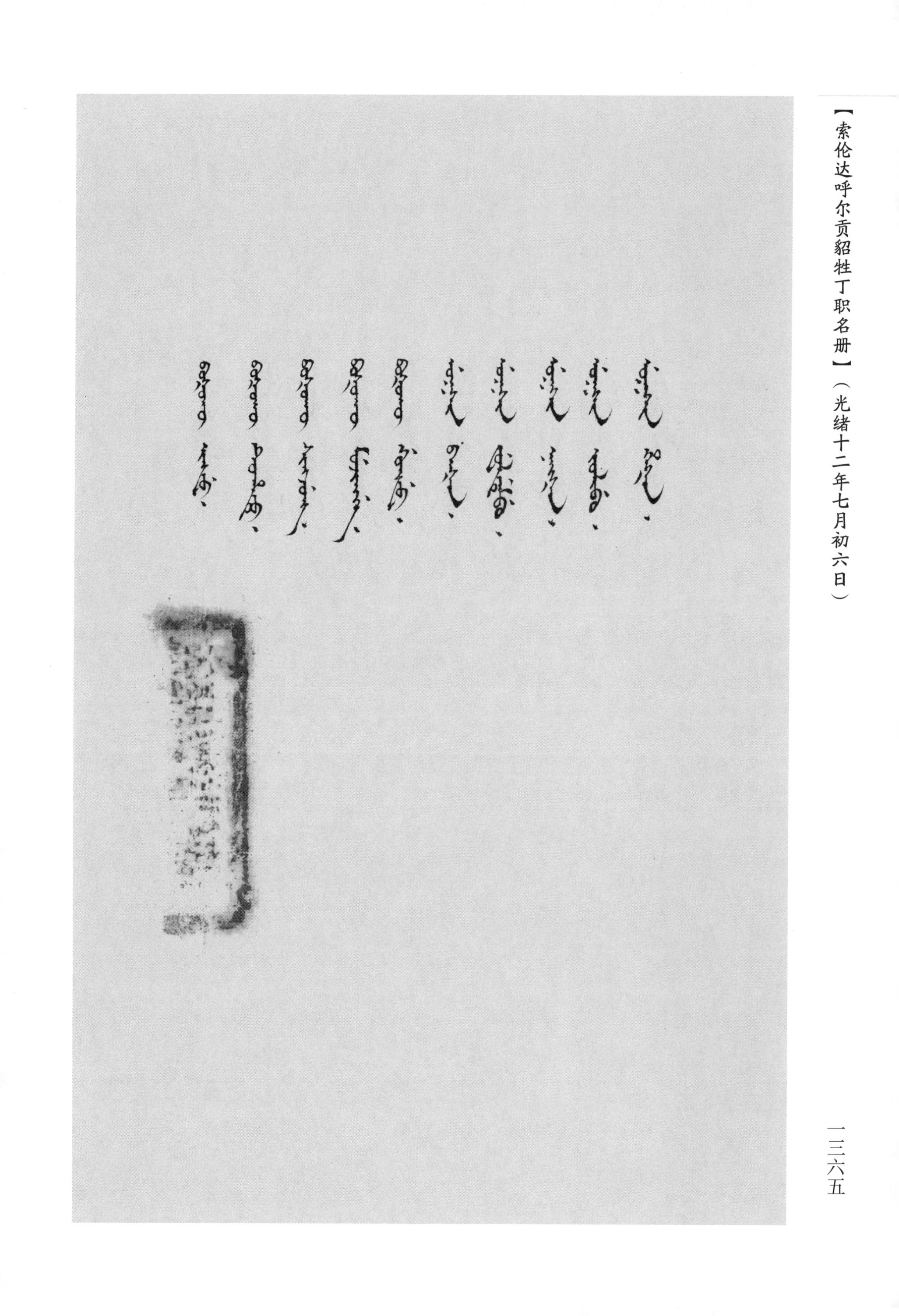

[illegible]
[illegible]
[illegible]
[illegible]
[illegible]
[illegible]
[illegible]
[illegible]
[illegible]

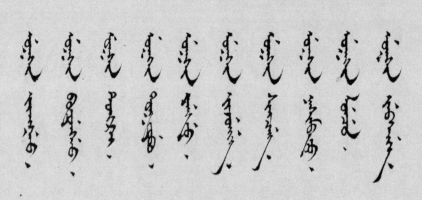

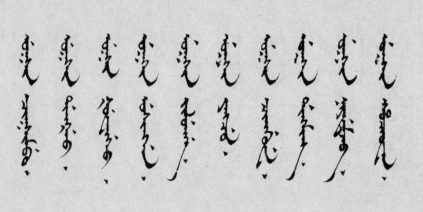

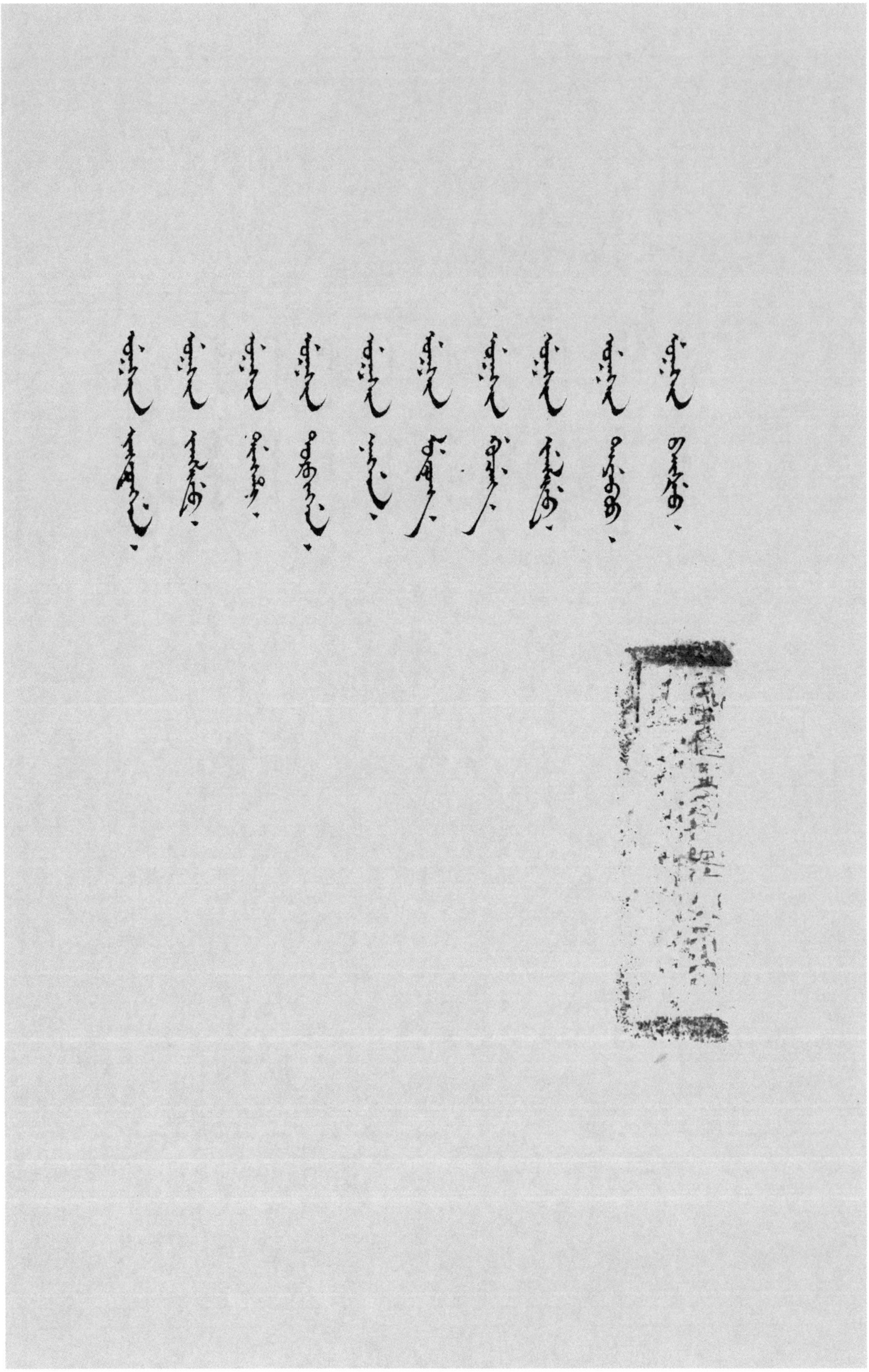

ᡠᡴᠰᡳᠨ ᡝᠯᡩᡝ

ᡠᡴᠰᡳᠨ ᡩᠠᠯᡳᠩᡤᠠ

ᡠᡴᠰᡳᠨ ᡠᠰᠠᠮᠪᡠ

ᡠᡴᠰᡳᠨ ᠪᠣᠨᠪᡠ

ᡠᡴᠰᡳᠨ ᡥᠠᠰᠪᡠ

ᡠᡴᠰᡳᠨ ᠪᠣᡩᡳᠰᡠᠩᡤᡝ

ᡠᡴᠰᡳᠨ ᠪᡠᡵᡳᠨ

ᡠᡴᠰᡳᠨ ᡩᠠᠣᠪᡠ

ᡠᡴᠰᡳᠨ ᠠᠰᡳᠩᡤᠠ

ᡥᠠᡥᠠ ᠰᠠᠩᡤᡳᠩᡤᠠ

ᡥᠠᡥᠠ ᠰᠠᡵᡳ

ᡥᠠᡥᠠ ᠰᠠᠩᡤᠠ

ᡥᠠᡥᠠ ᠪᠣᠣᡩᠣᡵᡳ

ᡥᠠᡥᠠ ᡠᠰᡳᠩᡤᠠ

ᡥᠠᡥᠠ ᠪᠣᠣᠩᡤᠠ

ᡥᠠᡥᠠ ᡥᡳᠶᠠᠩᡤᡳᠶᡝ

ᡥᠠᡥᠠ ᡠᠰᡳᠩᡤᠠ

ᡥᠠᡥᠠ ᠪᠣᠣᠪᠣᠣᡵᡳ

ᡥᠠᡥᠠ ᡨᠠᠰᡳᠩᡤᠠ

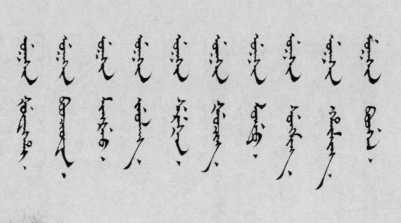

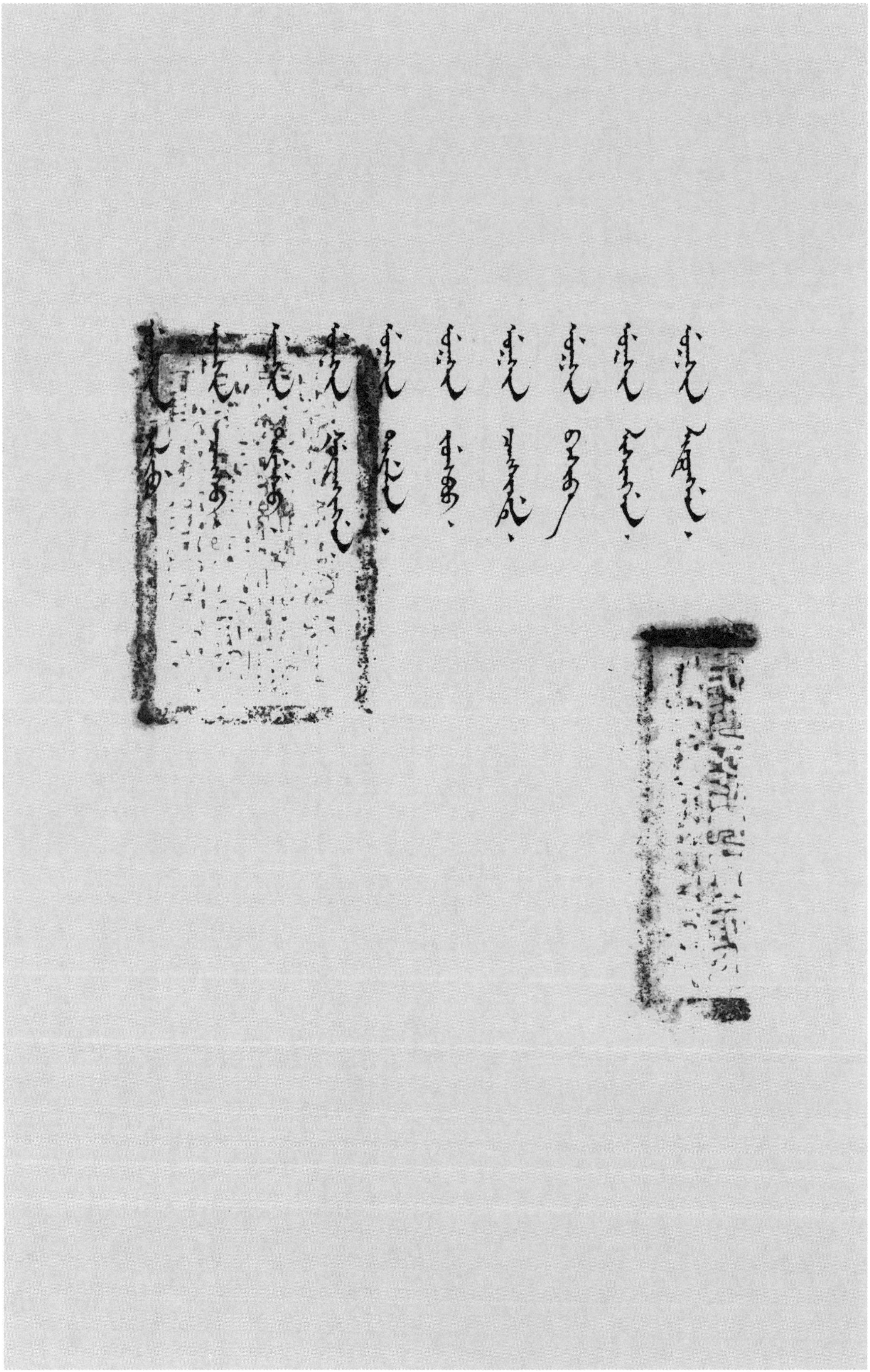

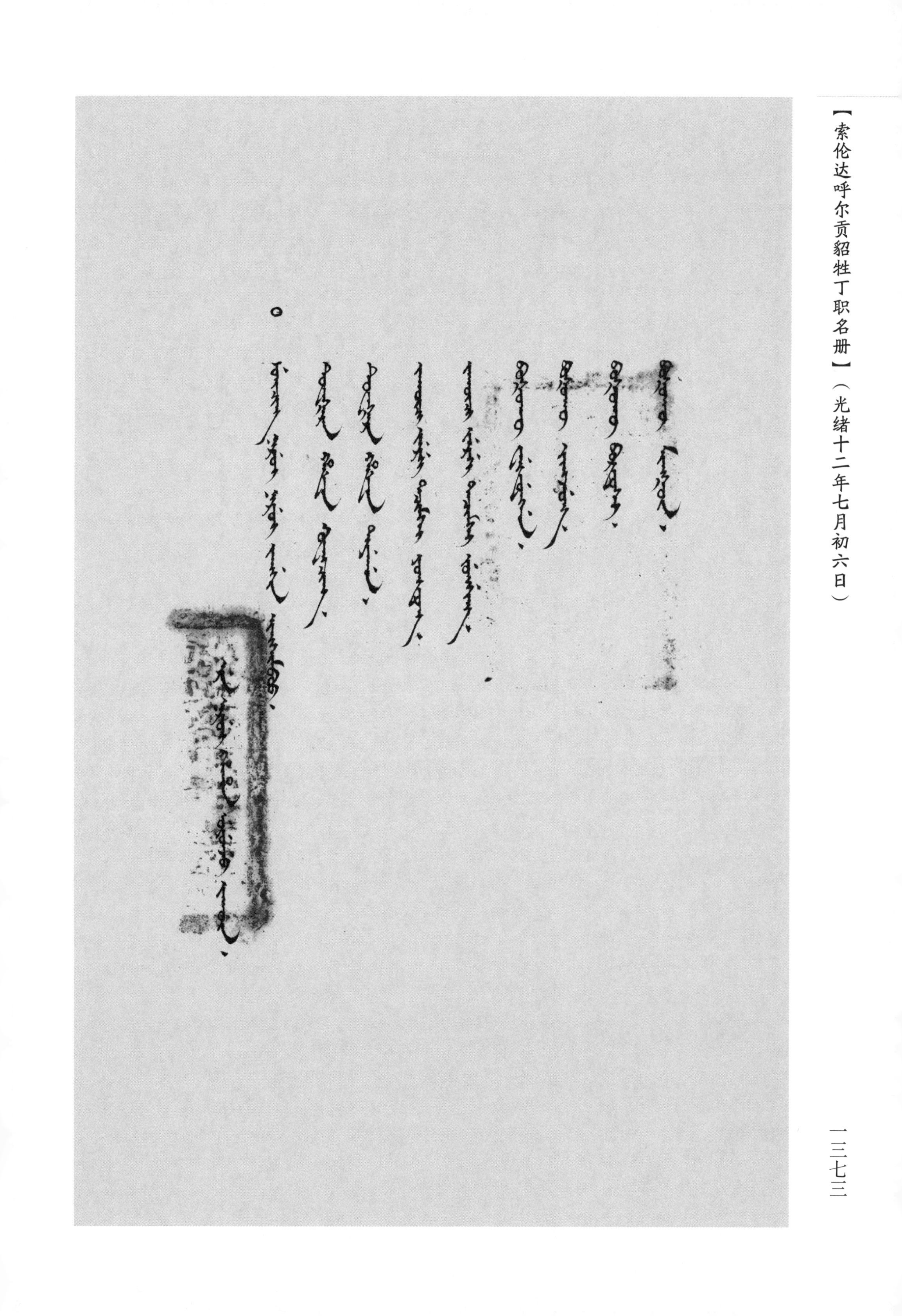

[illegible]

[illegible]
[illegible]
[illegible]
[illegible]
[illegible]
[illegible]
[illegible]
[illegible]
[illegible]
[illegible]

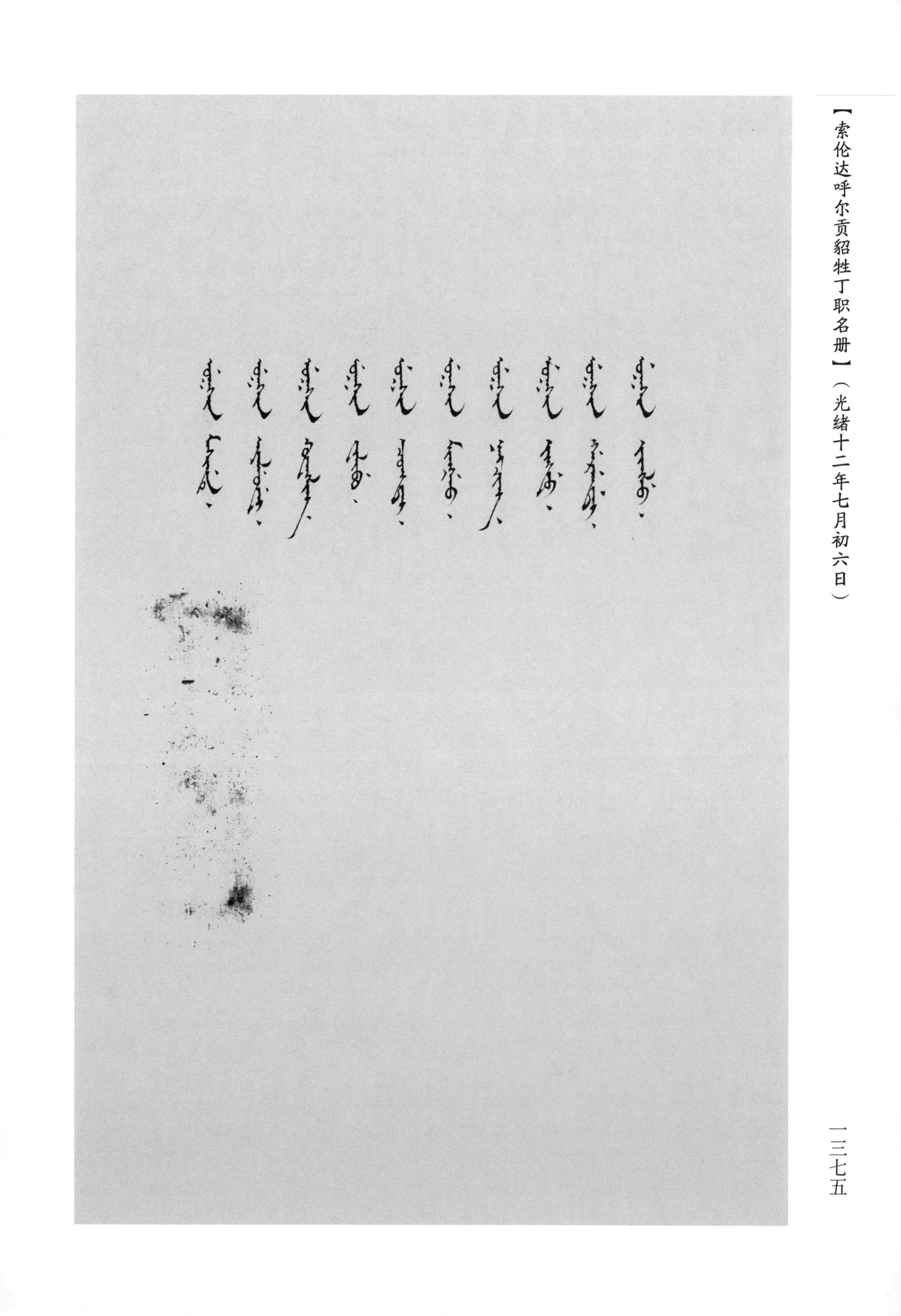

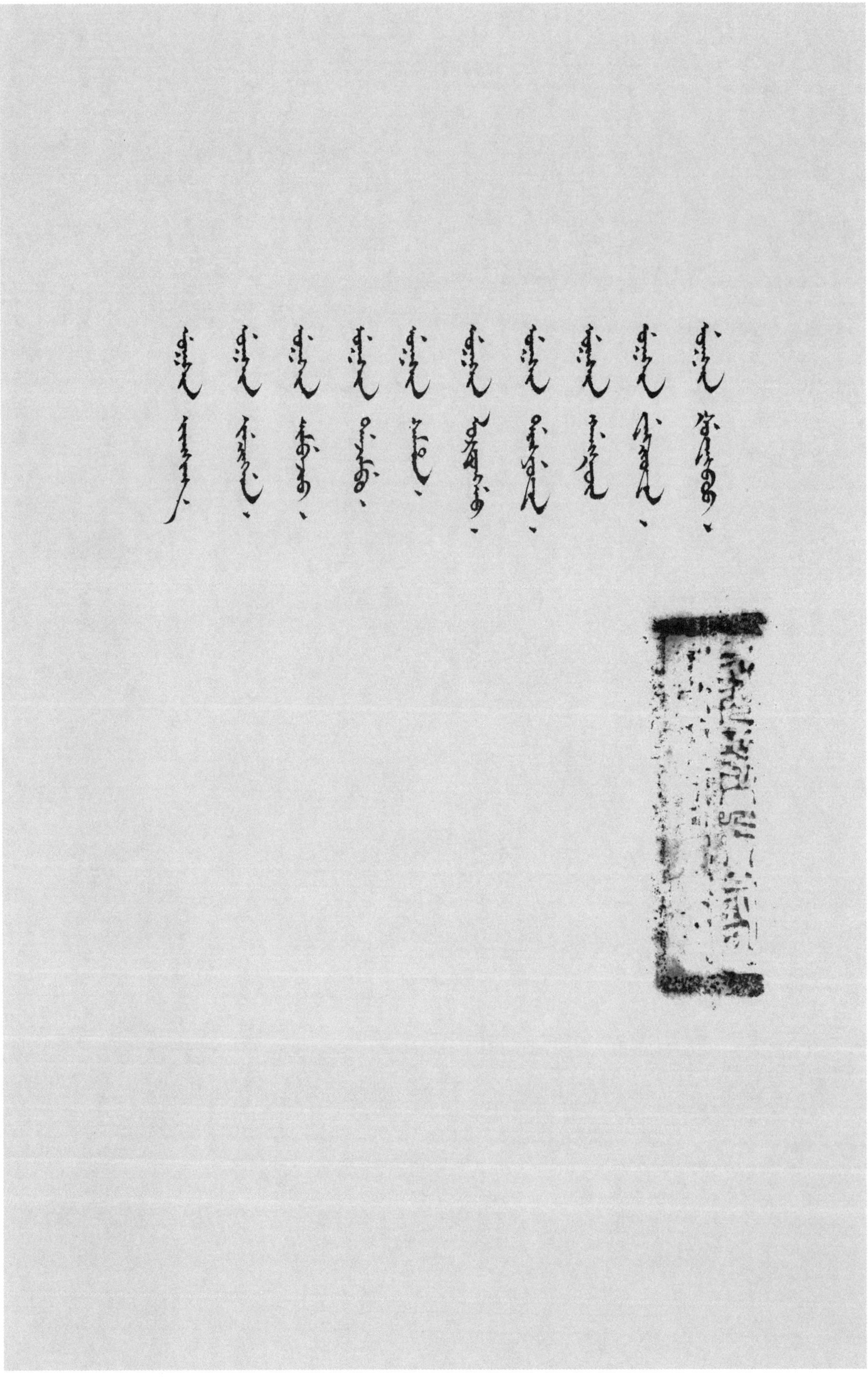

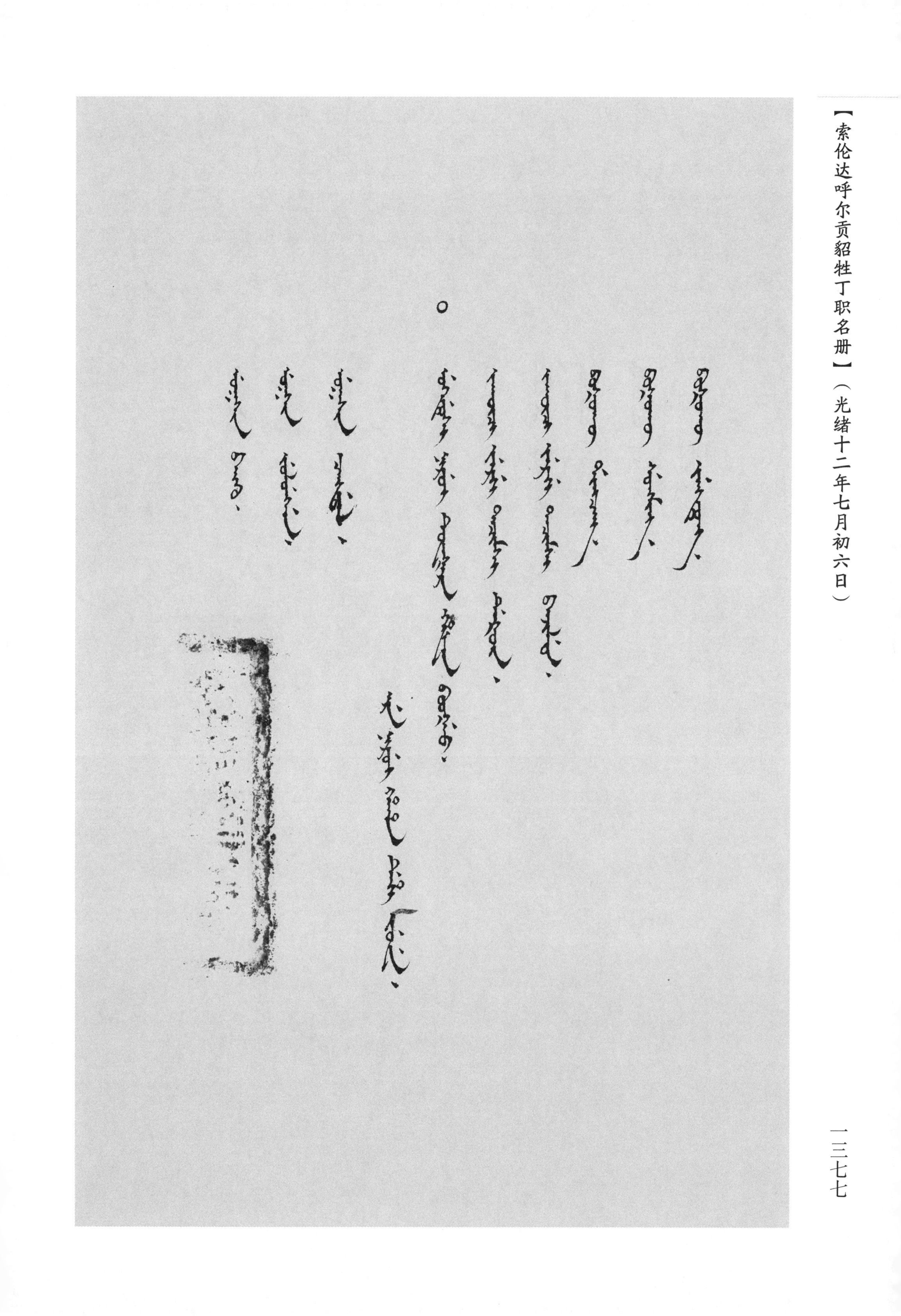

ᡠᡴᠰᡳᠨ ᠪᠣᠰᡳᠣ᠈

ᡠᡴᠰᡳᠨ ᡤᠣᠰᡳᠩᡤᠠ᠈

ᡠᡴᠰᡳᠨ ᠨᠠᠰᡳᠣ᠈

ᡠᡴᠰᡳᠨ ᡨᠣᡴᡨᠣᠰᡳᠩᡤᠠ᠈

ᡠᡴᠰᡳᠨ ᠠᠰᡳᠣ᠈

ᡠᡴᠰᡳᠨ ᠨᠣᠮᠣ᠈

ᡠᡴᠰᡳᠨ ᠨᠠᠮᠰᡳᠣ᠈

ᡠᡴᠰᡳᠨ ᠠᠰᡳᠣ᠈

ᡠᡴᠰᡳᠨ ᠪᠣᠣᠰᡳᠣ᠈

ᡠᡴᠰᡳᠨ ᠠᠰᡳᠩᡤᠠ᠈

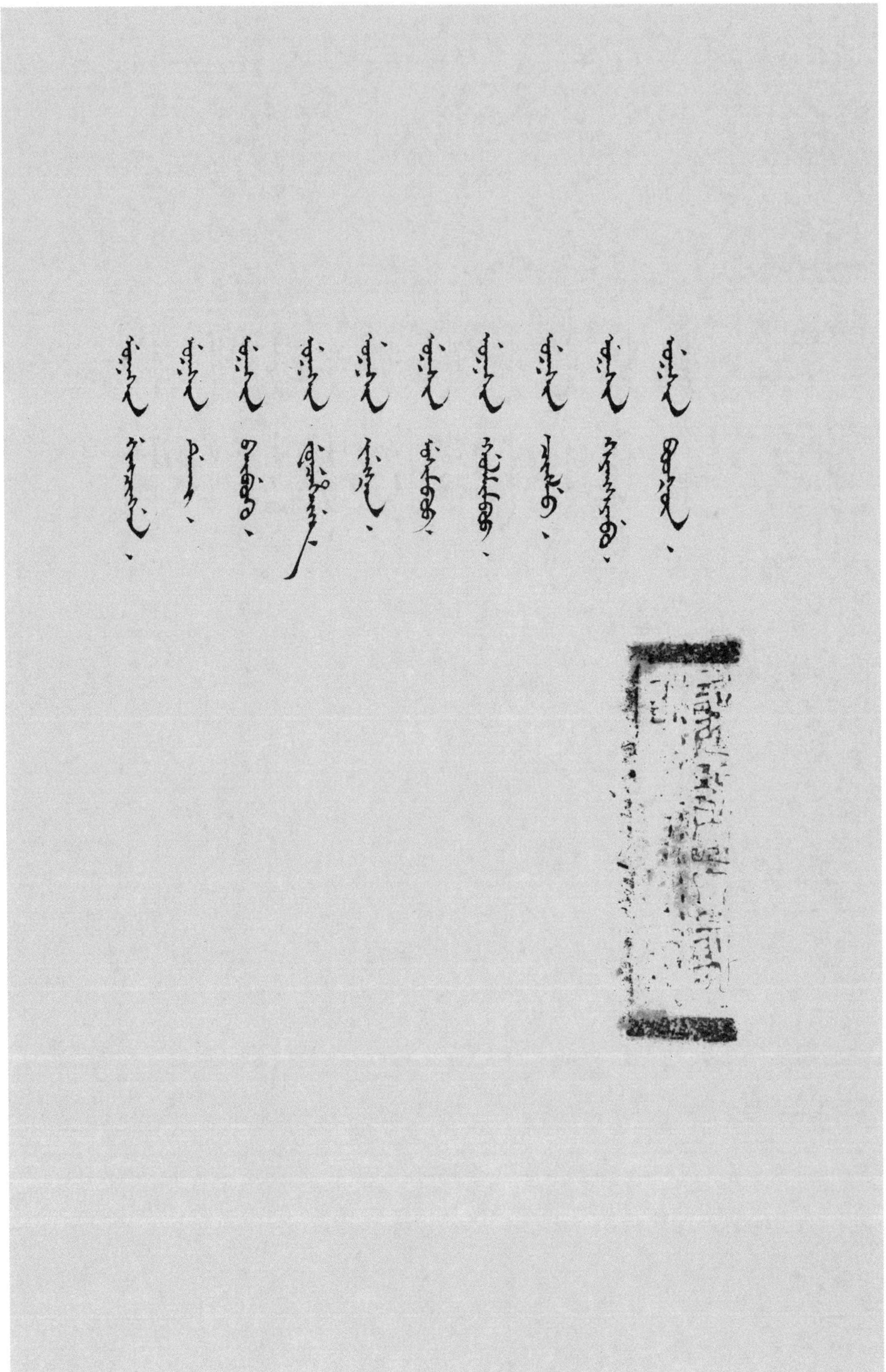

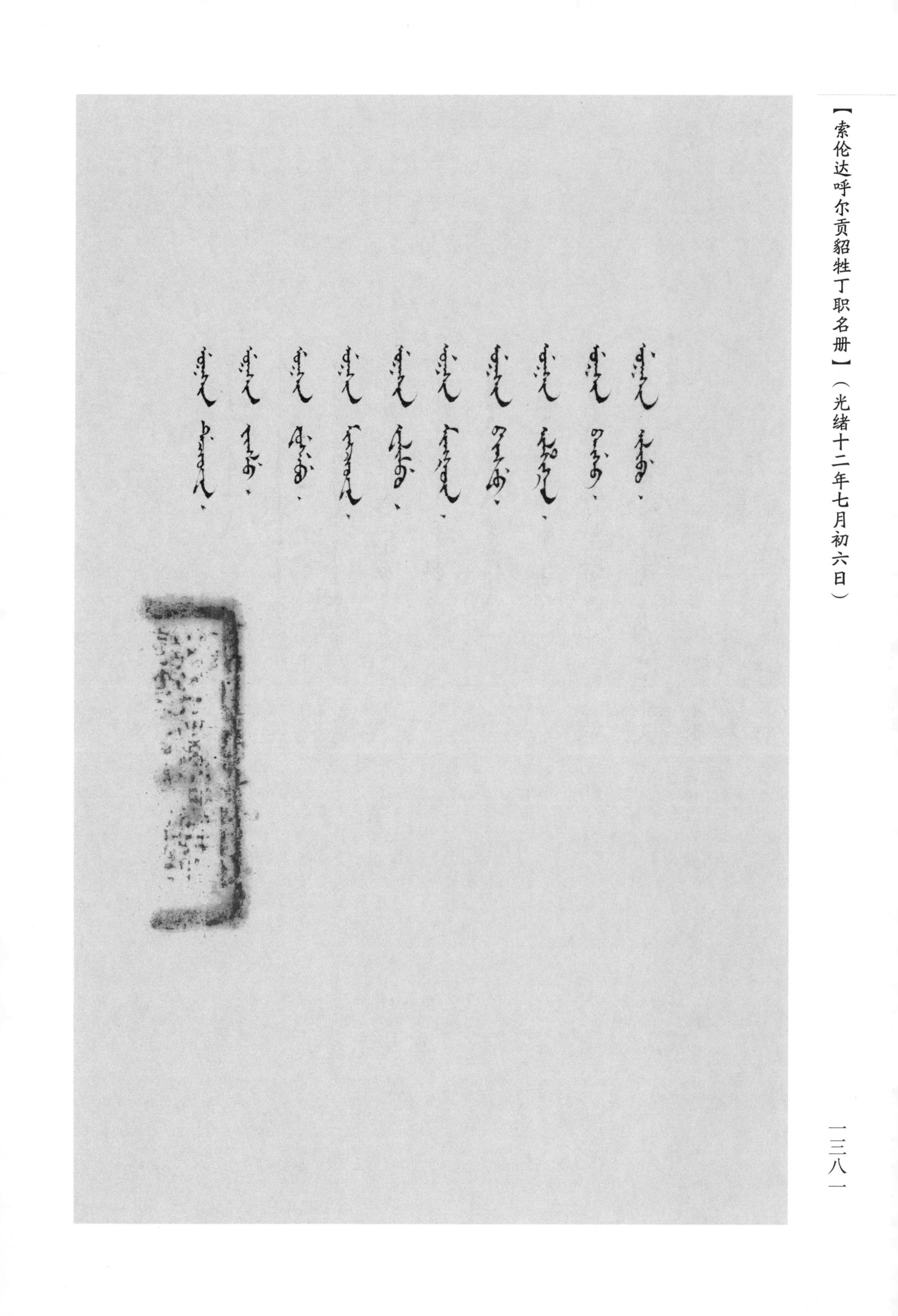

[illegible]

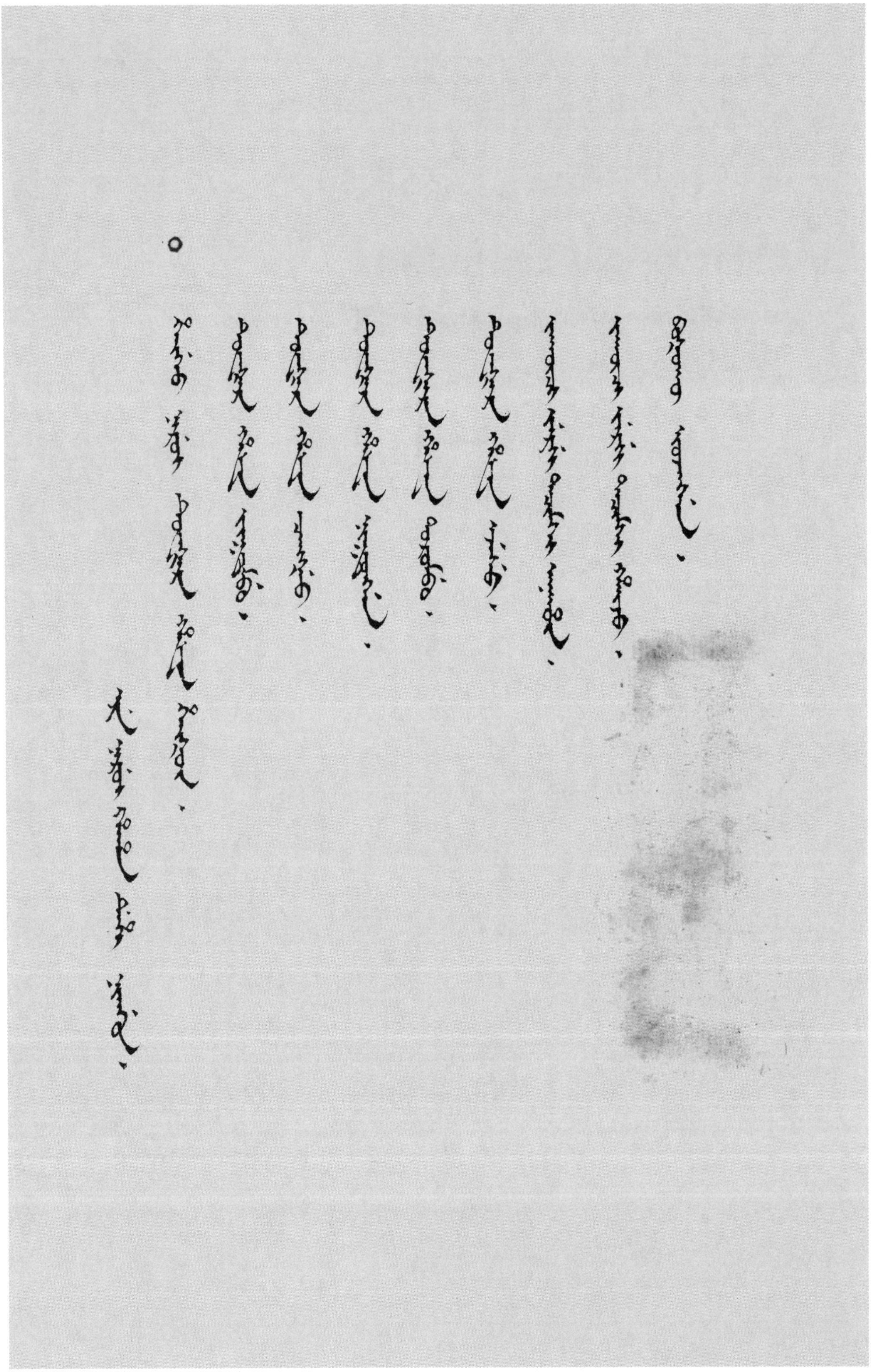

ᡠᡴᠰᡳᠨ ᠵᠣᡵᡳᡴᡨᡠ
ᡠᡴᠰᡳᠨ ᠰᠣᠪᠣᠪᡠ
ᡠᡴᠰᡳᠨ ᡤᡳᡵᠪᠣᠩᡤᠠ
ᡠᡴᠰᡳᠨ ᡨᡠᠮᡝᠩᡤᡝ
ᡠᡴᠰᡳᠨ ᡨᠣᡴᠣᠩᡤᠠ
ᡠᡴᠰᡳᠨ ᡨᡠᡴᠰᠠᠩᡤᠠ
ᠪᠣᡧᠣᡴᡡ ᡥᠠᡧᡳᠩᡤᠠ
ᠪᠣᡧᠣᡴᡡ ᠰᠣᠪᠣᠩᡤᠠ
ᠪᠣᡧᠣᡴᡡ ᠪᠠᡳᠰᠠᠨ

ᠨᡳᠶᠠᠯᠮᠠ ᡩᡝᡥᡳᠨᠪᡠ᠈

ᠨᡳᠶᠠᠯᠮᠠ ᠮᡝᡩᡝᠪᠣ᠈

ᠨᡳᠶᠠᠯᠮᠠ ᡩᡝᠨᡤᡝᠪᠣ᠈

ᠨᡳᠶᠠᠯᠮᠠ ᡠᠯᡤᡳᠶᠠᠪᠣᠣᠰᡳ᠈

ᠨᡳᠶᠠᠯᠮᠠ ᡝᡵᡝᠩᡤᡝ᠈

ᠨᡳᠶᠠᠯᠮᠠ ᡤᡠᠯᠮᡠᡥᡠᠨ᠈

ᠨᡳᠶᠠᠯᠮᠠ ᠰᡝᡵᡤᡝᠪᠣ᠈

ᠨᡳᠶᠠᠯᠮᠠ ᡨᠣᠮᠣᠪᠣ᠈

ᠨᡳᠶᠠᠯᠮᠠ ᡥᡡᠸᠠᠩᠰᡳ᠈

ᠨᡳᠶᠠᠯᠮᠠ ᡨᡝᠮᡝᡤᡝᠪᠣ᠈

ᡠᡴᠰᡳᠨ ᠪᠠᠶᠠᠨᡨᡠ

ᡠᡴᠰᡳᠨ ᡨᠣᡴᡨᠣᠨ᠈

ᡠᡴᠰᡳᠨ ᠰᡝᠯᡝᠩᡤᡝ᠈

ᡠᡴᠰᡳᠨ ᡤᠠᠪᡠᠯᡳ᠈

ᡠᡴᠰᡳᠨ ᠨᠠᡵᠠᠨ᠈

ᡠᡴᠰᡳᠨ ᠰᠣᠪᠣᠨ᠈

ᡠᡴᠰᡳᠨ ᡤᠠᠰᠠᠩᡤᠠ

ᡠᡴᠰᡳᠨ ᠨᠠᠰᡠᠪᠣ᠈

ᡠᡴᠰᡳᠨ ᡨᠣᡴᡨᠣᠨ᠈

ᡠᡴᠰᡳᠨ ᠨᠠᠰᠣ᠈

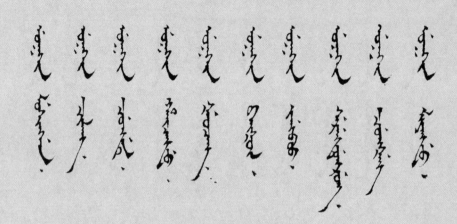

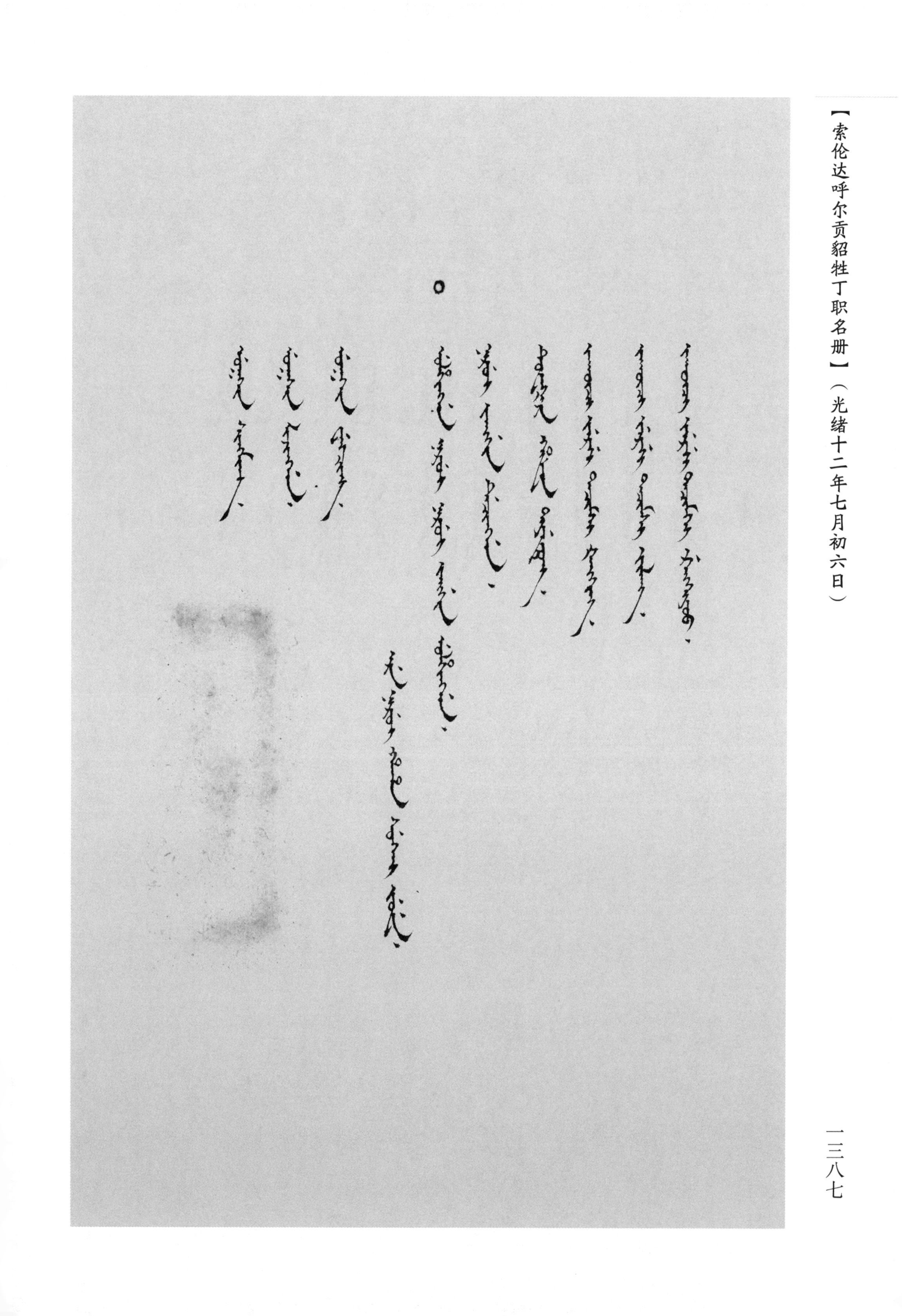

[illegible]

[illegible]

[illegible]

[illegible]

[illegible]

○

[illegible]

[illegible]

[illegible]

[illegible]

[illegible]

ᠵᠠᠩᡤᡳᠨ [illegible]

ᠵᠠᠩᡤᡳᠨ [illegible]

ᠵᠠᠩᡤᡳᠨ [illegible]

ᠵᠠᠩᡤᡳᠨ [illegible]

ᠪᠣᡧᠣᡴᡡ [illegible]

ᠪᠣᡧᠣᡴᡡ [illegible]

ᠪᠣᡧᠣᡴᡡ [illegible]

ᠪᠣᡧᠣᡴᡡ [illegible]

[illegible] [illegible]

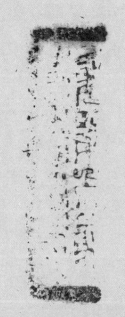

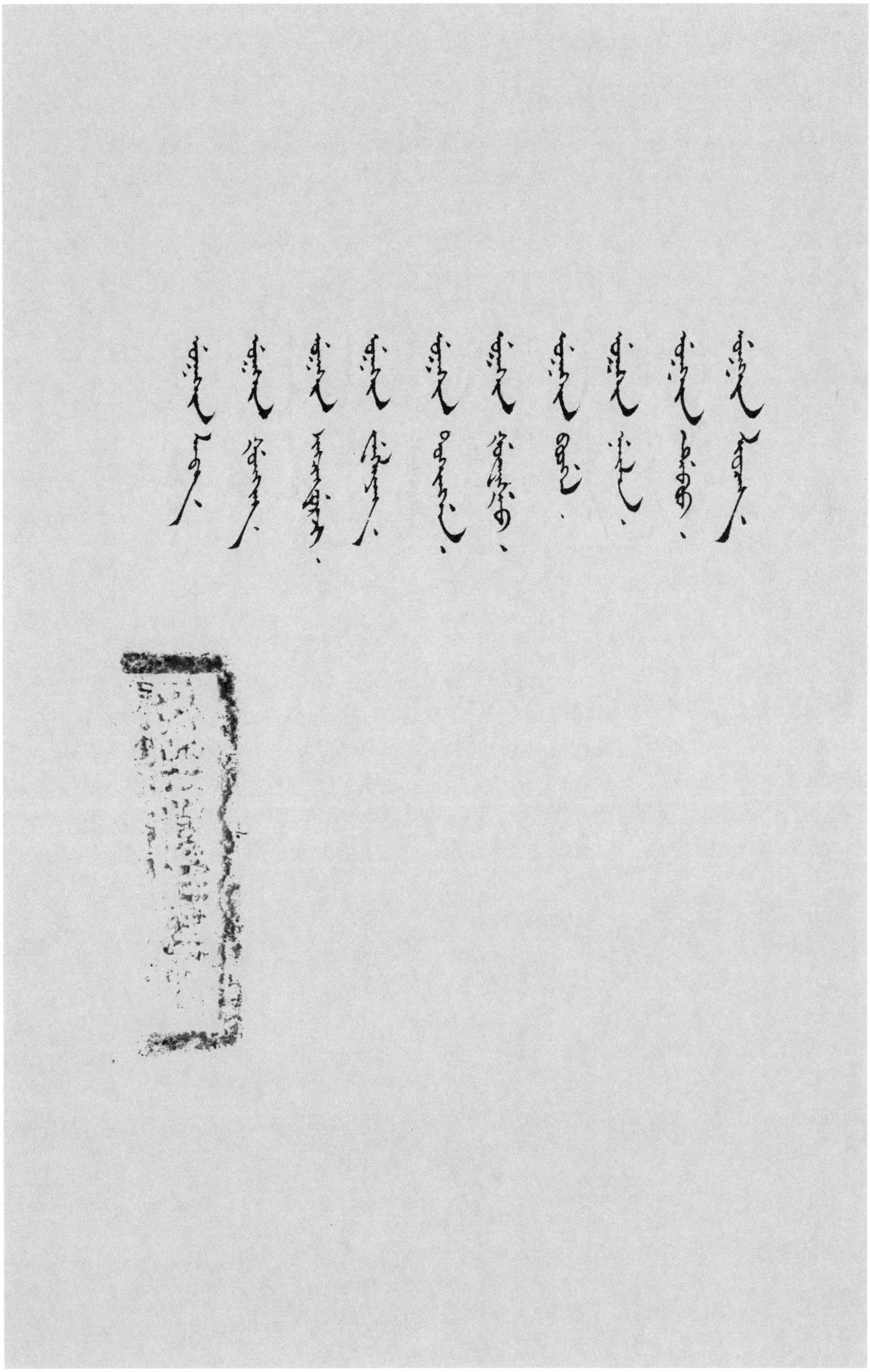

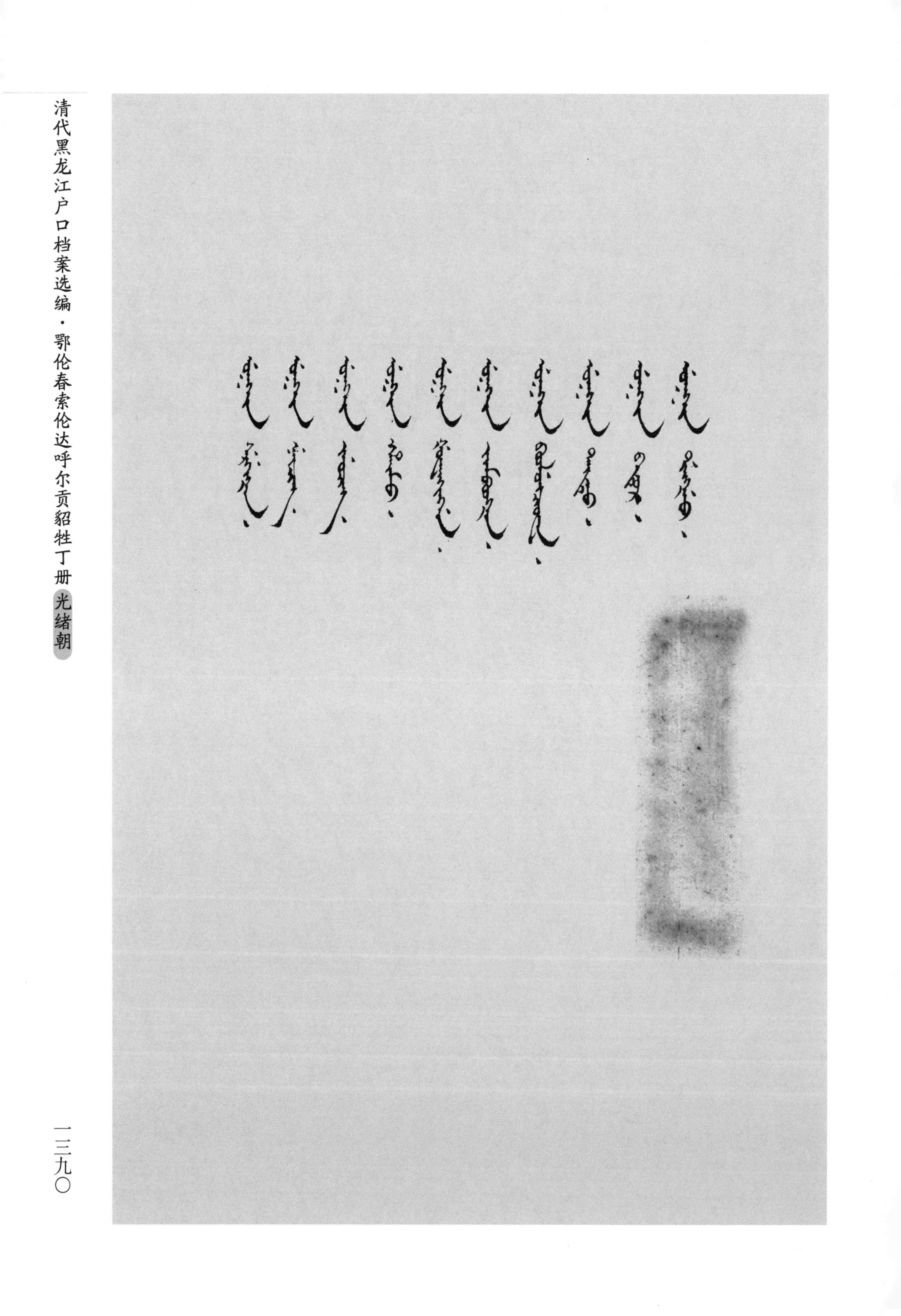

[illegible]

[illegible]

[illegible]

[illegible]

[illegible]

[illegible]

[illegible]

[illegible]

[illegible]

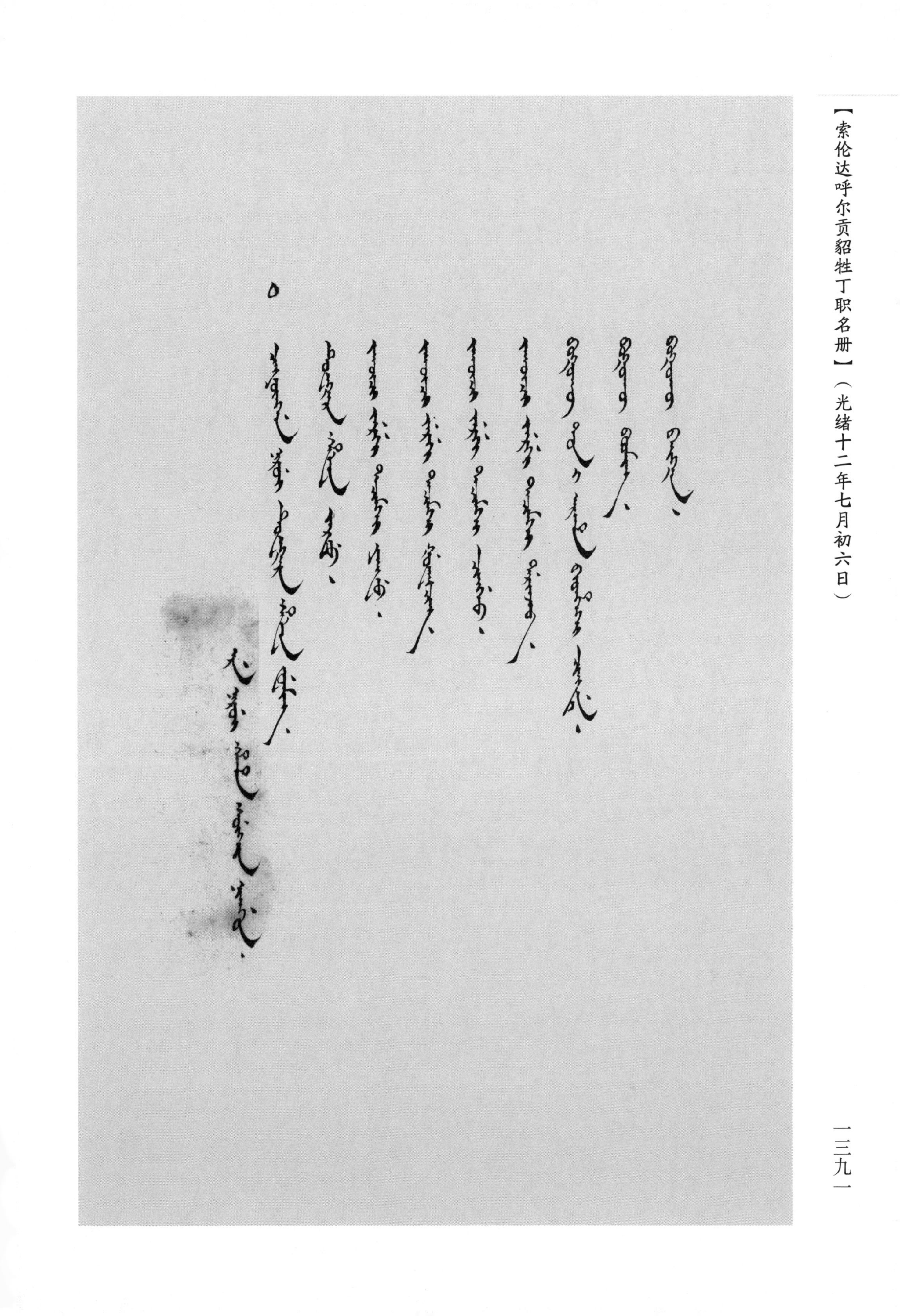

[illegible]

ᠪᠣᡧᠣᡴᡡ [illegible]

ᠪᠣᡧᠣᡴᡡ [illegible]

ᠵᠠᠩᡤᡳᠨ [illegible]

ᠵᠠᠩᡤᡳᠨ [illegible]

ᠵᠠᠩᡤᡳᠨ [illegible]

ᠵᠠᠩᡤᡳᠨ [illegible]

ᠵᠠᠩᡤᡳᠨ [illegible]

ᠵᠠᠩᡤᡳᠨ [illegible]

ᠵᠠᠩᡤᡳᠨ [illegible]

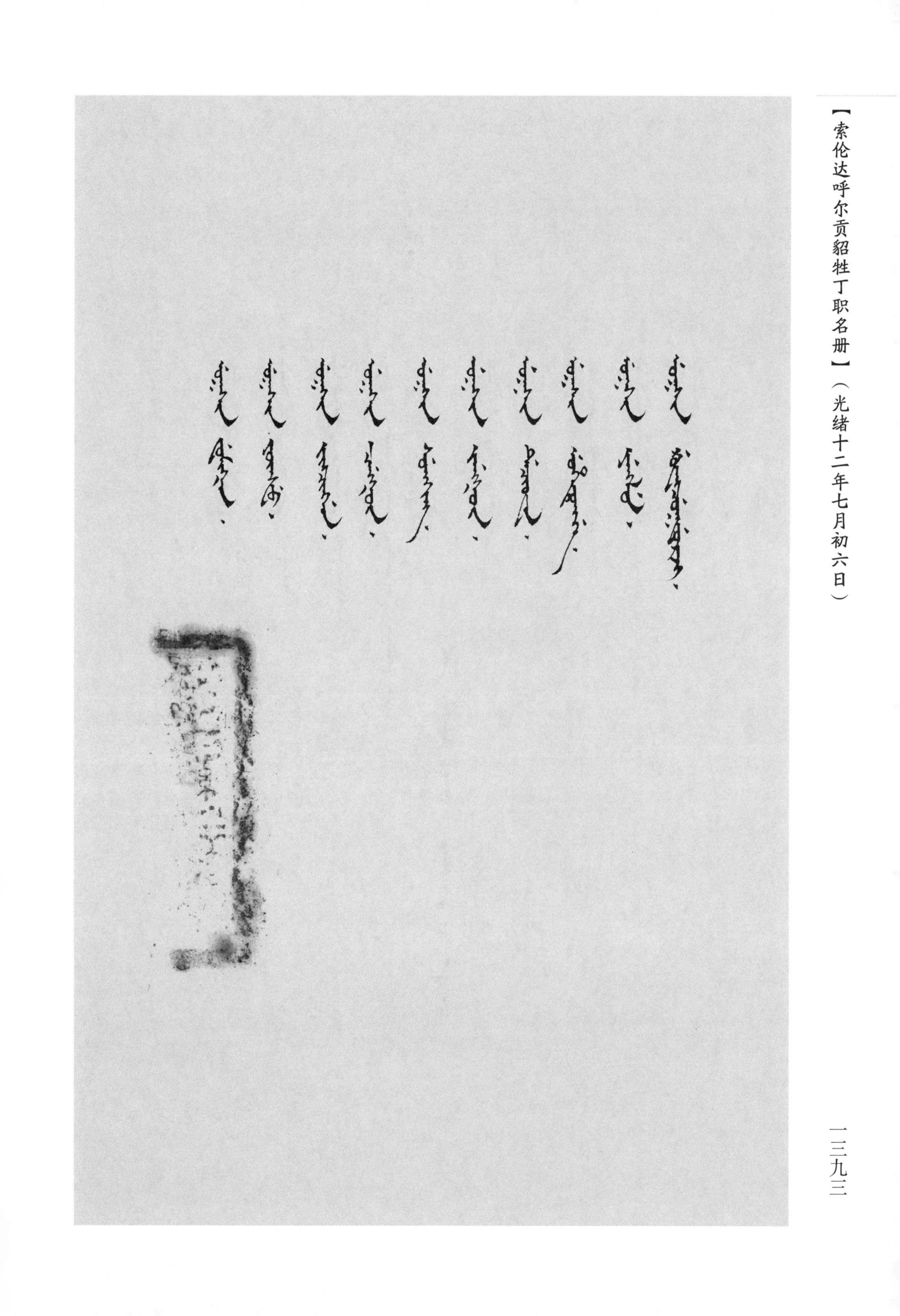

ᠰᡠᠯᠠ ᠨᠠᠩᡤᡳᠯᡳ᠈

ᠰᡠᠯᠠ ᠪᠣᠯᡳᠩᡤᡳ᠈

ᠰᡠᠯᠠ ᡩᠣᡵᠵᡳᠮᠠ᠈

ᠰᡠᠯᠠ ᠮᠠᠰᡳᠩᡤᡳ᠈

ᠰᡠᠯᠠ ᠪᡠᠯᠠᠩᡤᡳ᠈

ᡨᡝ ᠰᠠᡵᡤᠠᠨ ᠪᠣᠯᡤᠣ ᠮᡠᡴᡩᡝᠨ ᠪᡳ᠈

○ ᠮᠣᡵᠰᠣ ᠰᠠᡵᡤᠠᠨ ᠰᠠᡵᡤᠠᠨ ᠮᠠᠩᡤᠠ ᠴᠣᠣᡥᠠᡳ᠈

ᡠᡴᠰᡳᠨ ᠪᠣᡳᡥᠣᠨ ᡨᡠᡵᡤᡝᠨ᠈

ᡠᡴᠰᡳᠨ ᠪᠣᡳᡥᠣᠨ ᡨᡠᡵᡤᡝᠨ᠈

ᡠᡴᠰᡳᠨ ᠪᠣᡳᡥᠣᠨ ᡠᡵᡤᡠᠨ᠈

ᡨᡠᠴᡳᡴᡝ ᡨᠣᠪᡳ ᡨᡠᠯᡳ᠈

ᠮᡳᠨ ᠪᠣᡧᠣᡴᡡ ᠮᡠᡵᡤᠠᠩᡤᠠ᠈

ᡠᡴᠰᡳᠨ ᡨᠠᡨᠠᡵᠠ ᠰᡠᠨᠵᠠᠩᡤᠠ᠈

ᡠᡴᠰᡳᠨ ᡨᠠᡨᠠᡵᠠ ᡨᡠᠪᡳ᠈

ᡠᡴᠰᡳᠨ ᡨᠠᡨᠠᡵᠠ ᡤᠣᠪᡠ᠈

ᠪᠣᡧᠣᡴᡡ ᠴᡳᡵᡤᠠ᠈

ᠪᠣᡧᠣᡴᡡ ᡠᡥᡡᠩᡤᠠ᠈

ᠪᠣᡧᠣᡴᡡ ᡩᠠᡵᠰᠠᠩᡤᠠ᠈

ᠪᠣᡧᠣᡴᡡ ᡩᠠᡵᠰᠠᠩᡤᠠ᠈

ᠪᠣᡧᠣᡴᡡ ᠴᡳᠩᠰᡳ

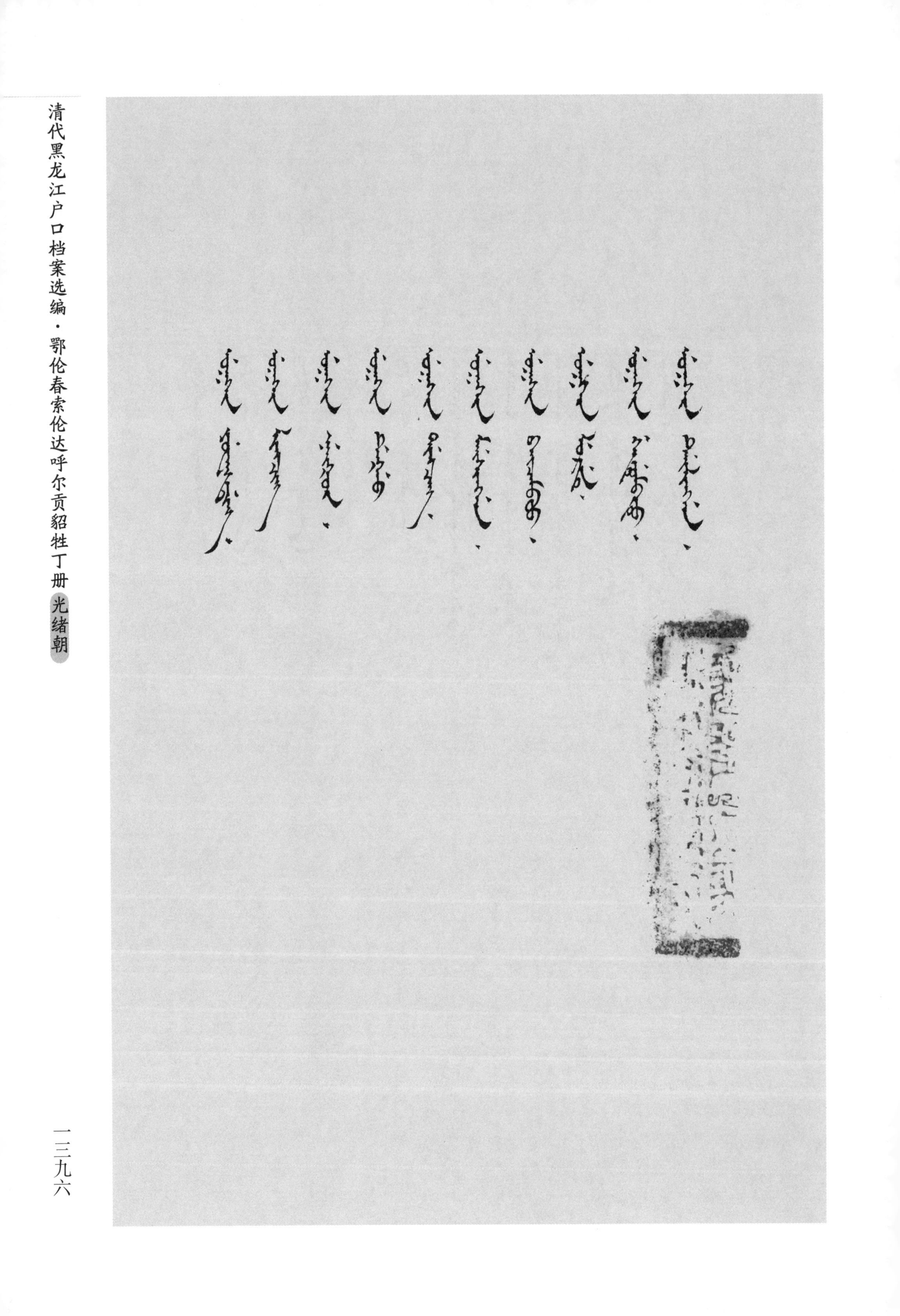

[illegible]

[illegible]

[illegible]

[illegible]

[illegible]

[illegible]

[illegible]

[illegible]

[illegible]

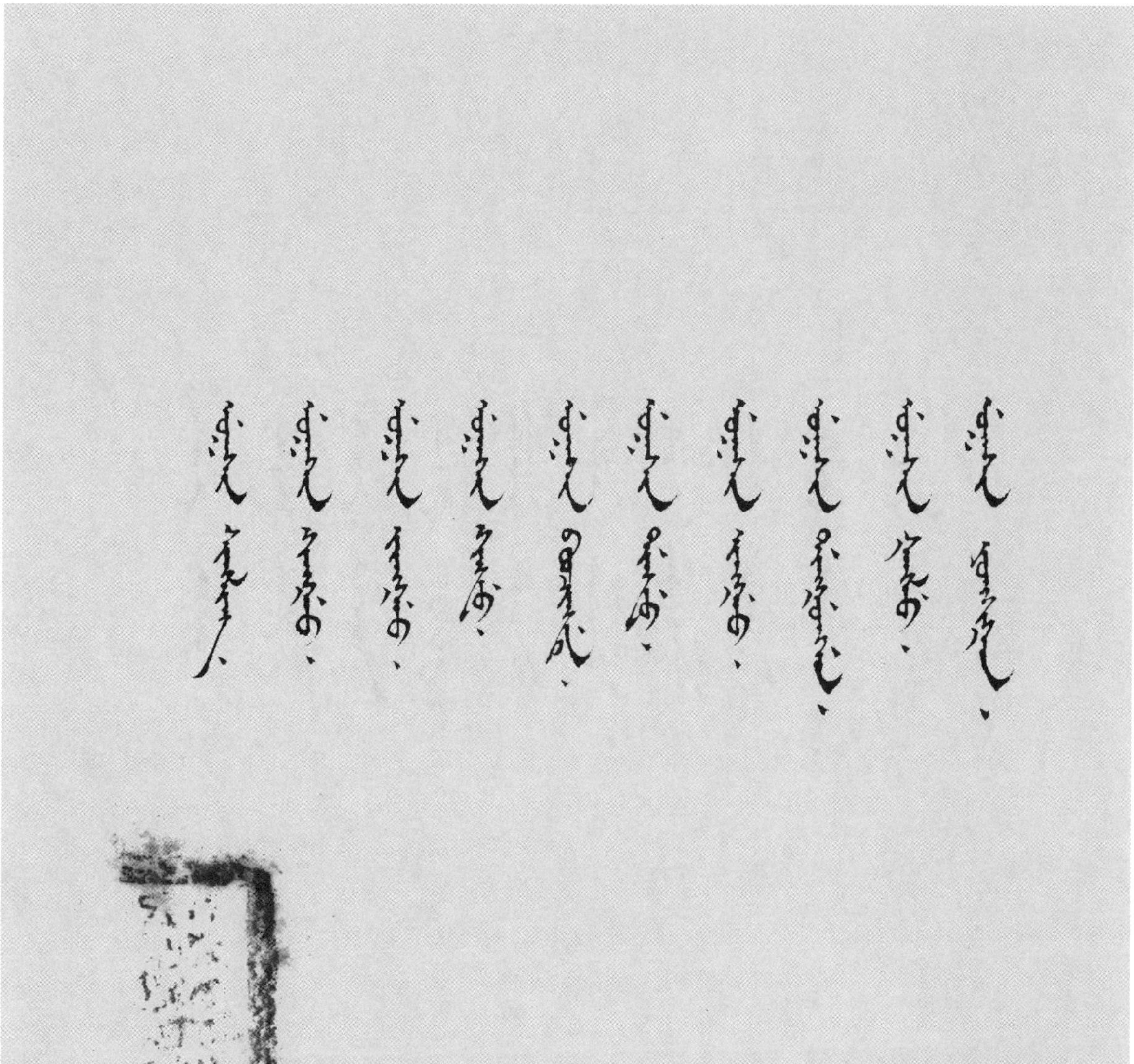

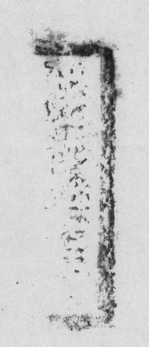

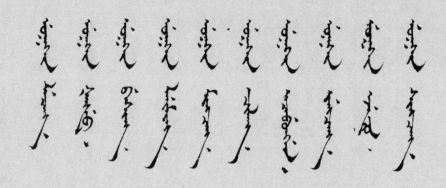

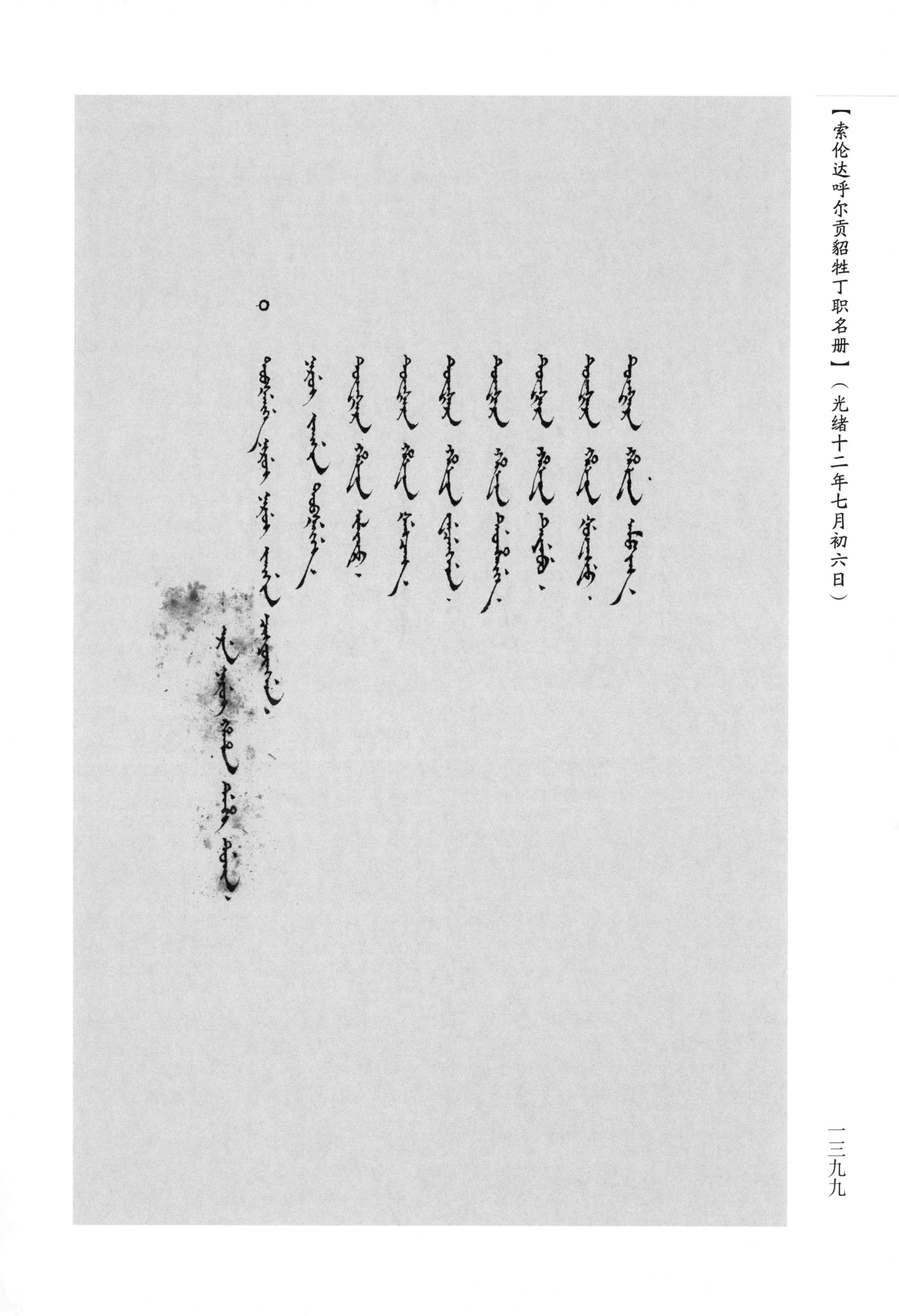

[illegible]

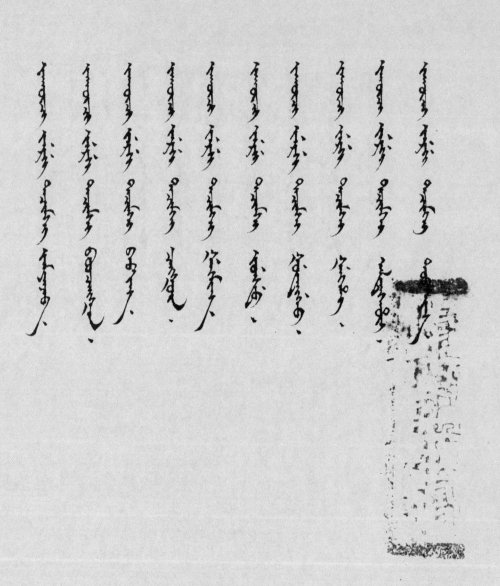

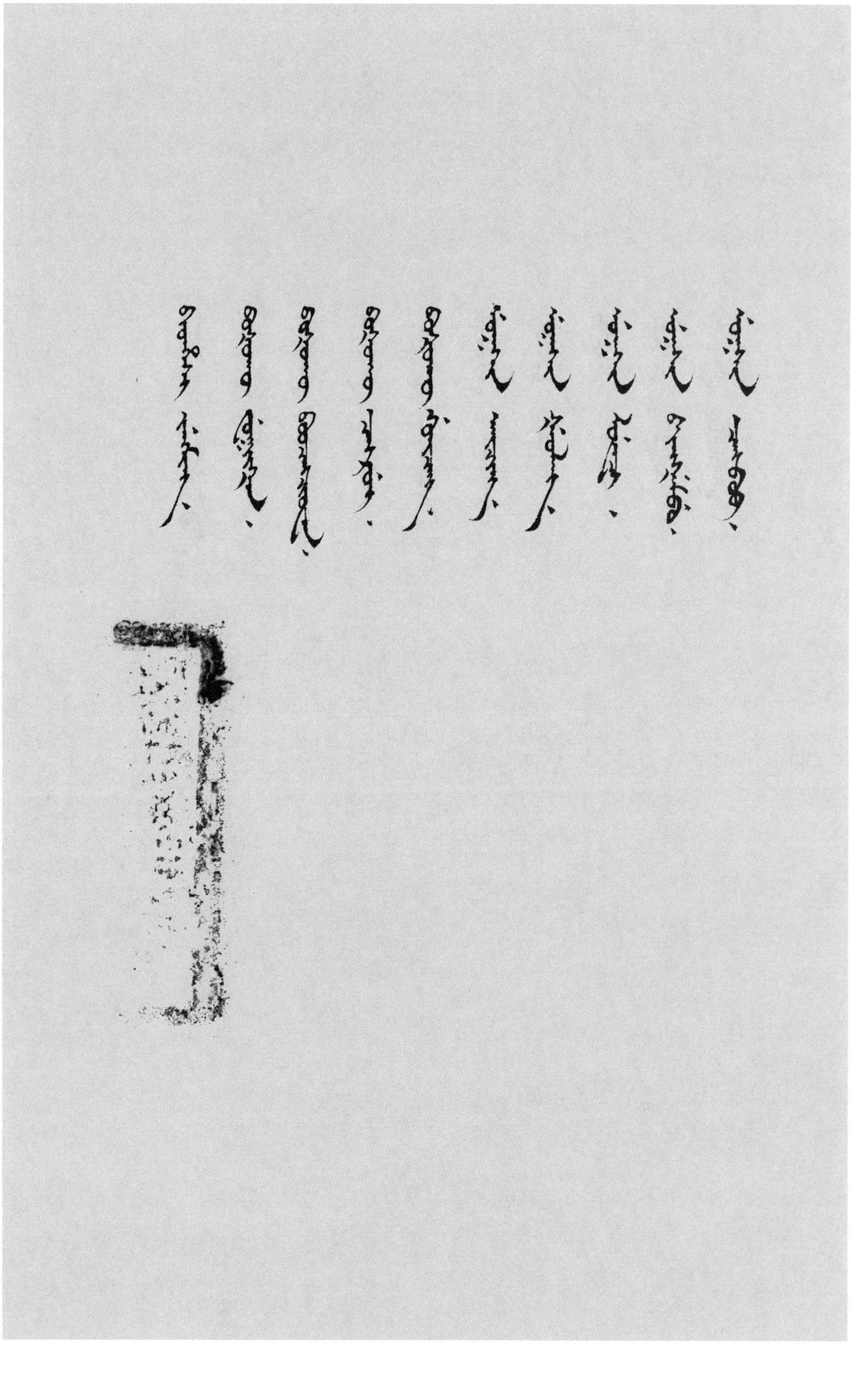

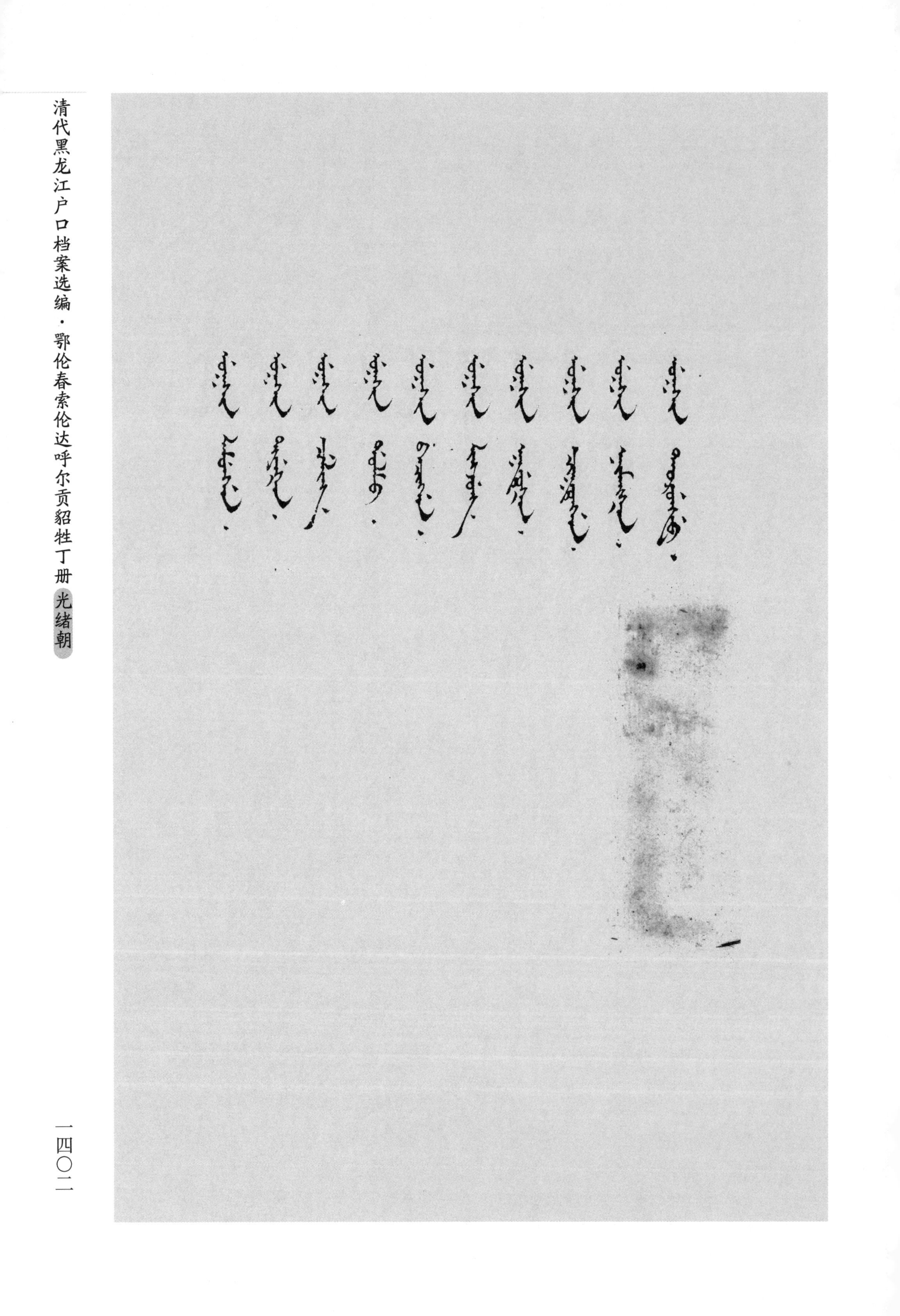

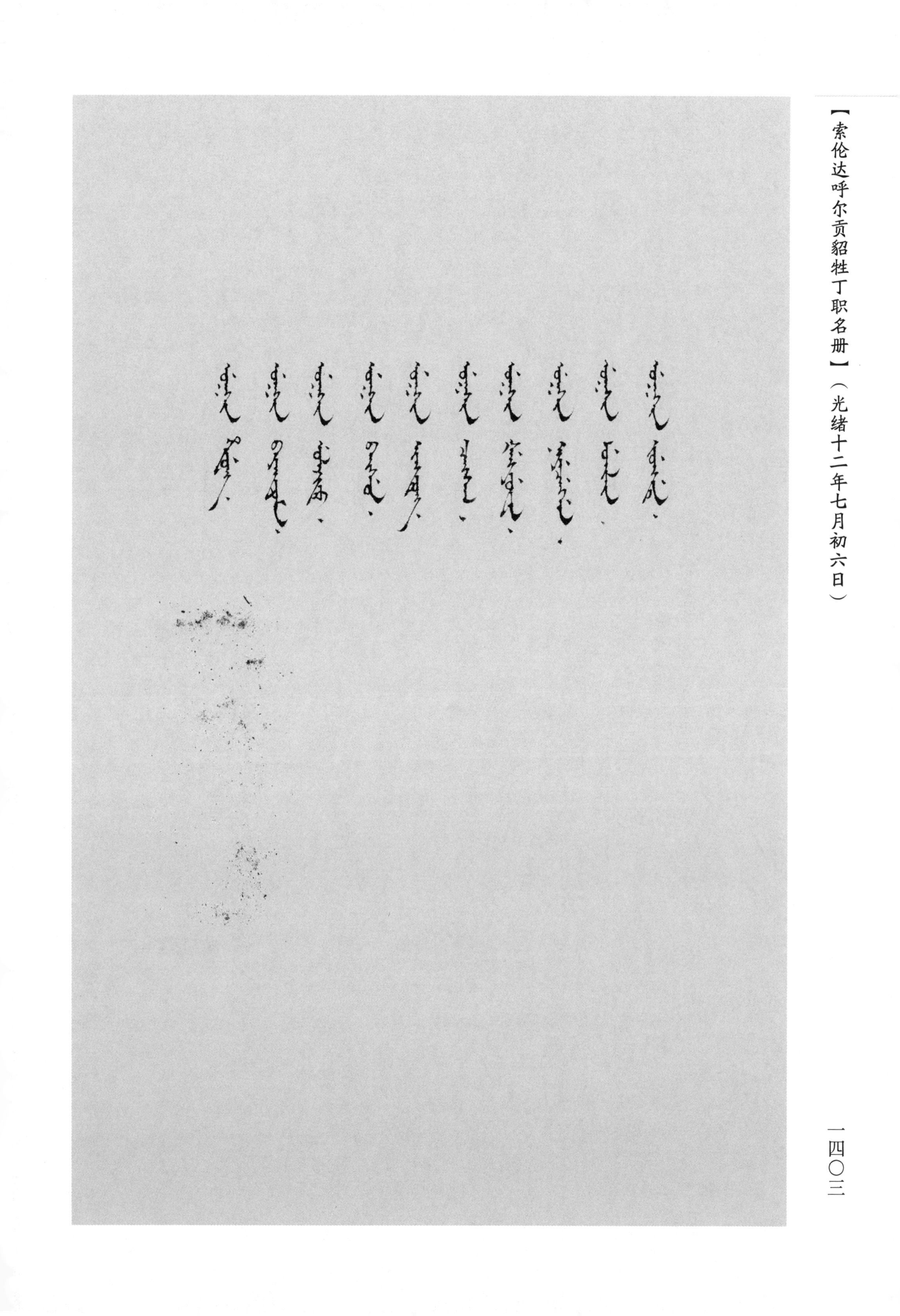

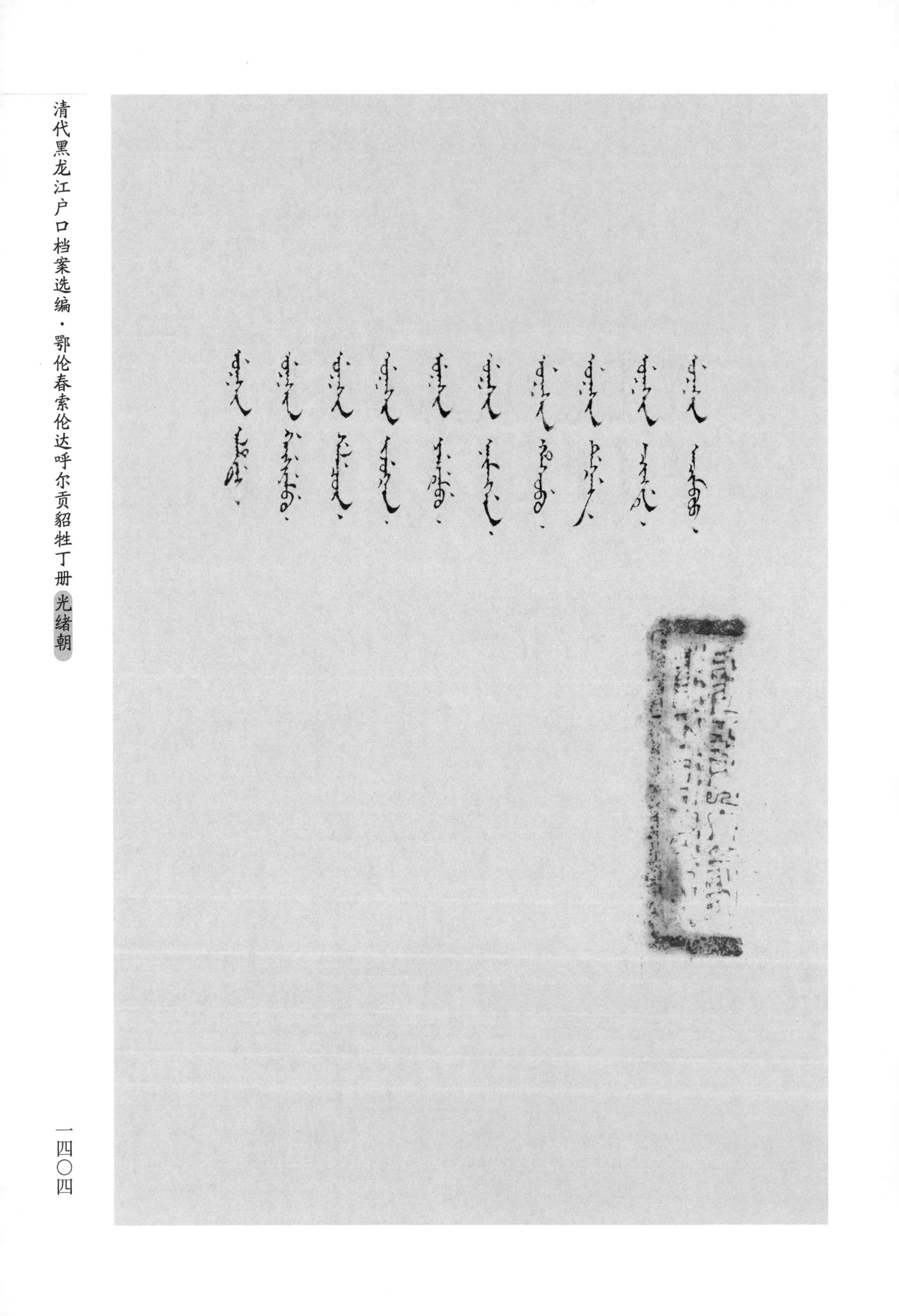

[illegible] [illegible]
ᠪᠣᡧᠣᡴᡡ [illegible]
ᠪᠣᡧᠣᡴᡡ [illegible]
ᠪᠣᡧᠣᡴᡡ [illegible]
ᠪᠣᡧᠣᡴᡡ [illegible]
ᡶᡠᠨᡩᡝ ᠪᠣᡧᠣᡴᡡ [illegible]
ᡶᡠᠨᡩᡝ ᠪᠣᡧᠣᡴᡡ [illegible]
○ [illegible] [illegible] [illegible] [illegible] [illegible]
[illegible] [illegible]

[illegible] [illegible] [illegible] [illegible]

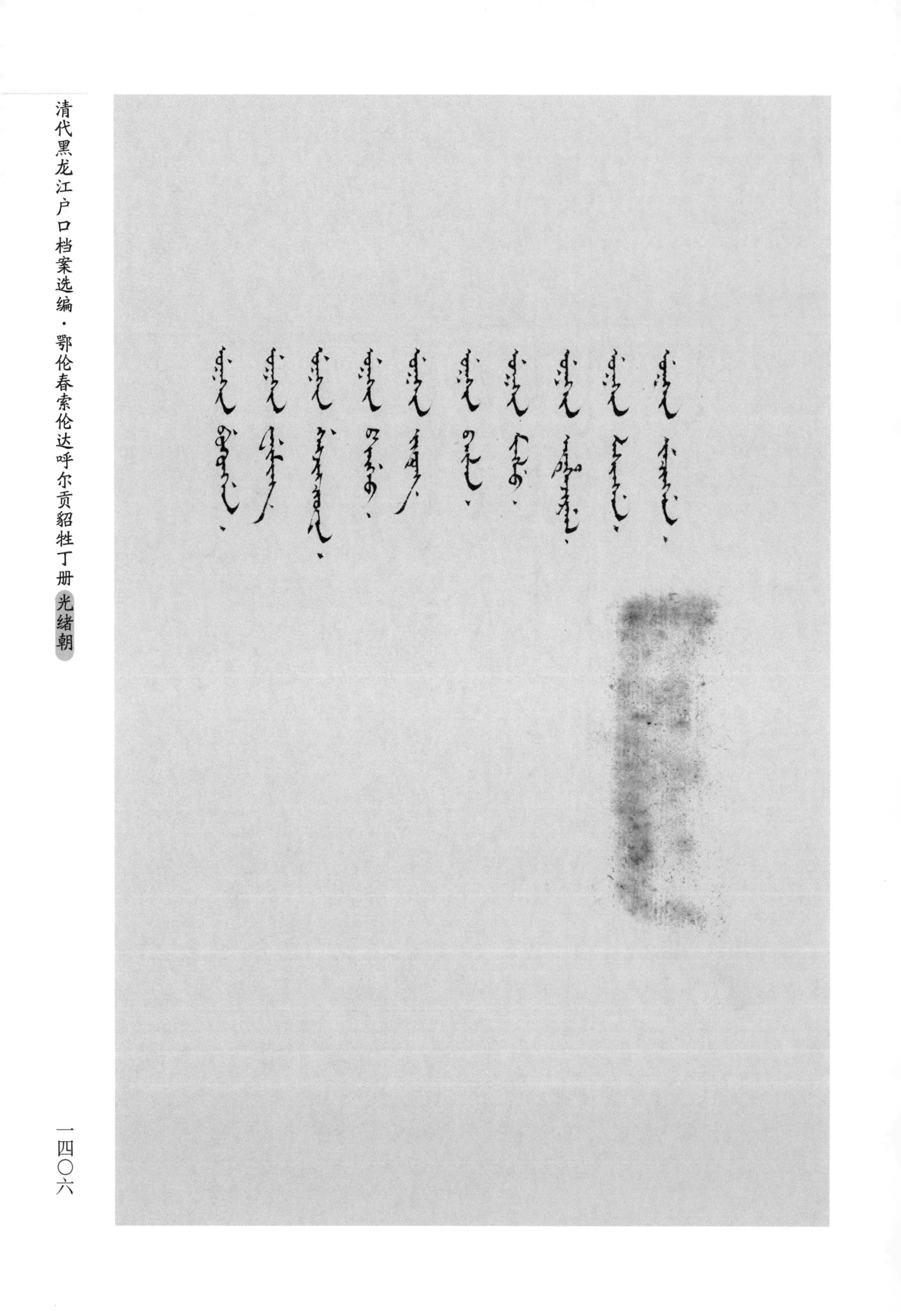

[illegible]

[illegible]

[illegible]

[illegible]

[illegible]

[illegible]

[illegible]

[illegible]

[illegible]

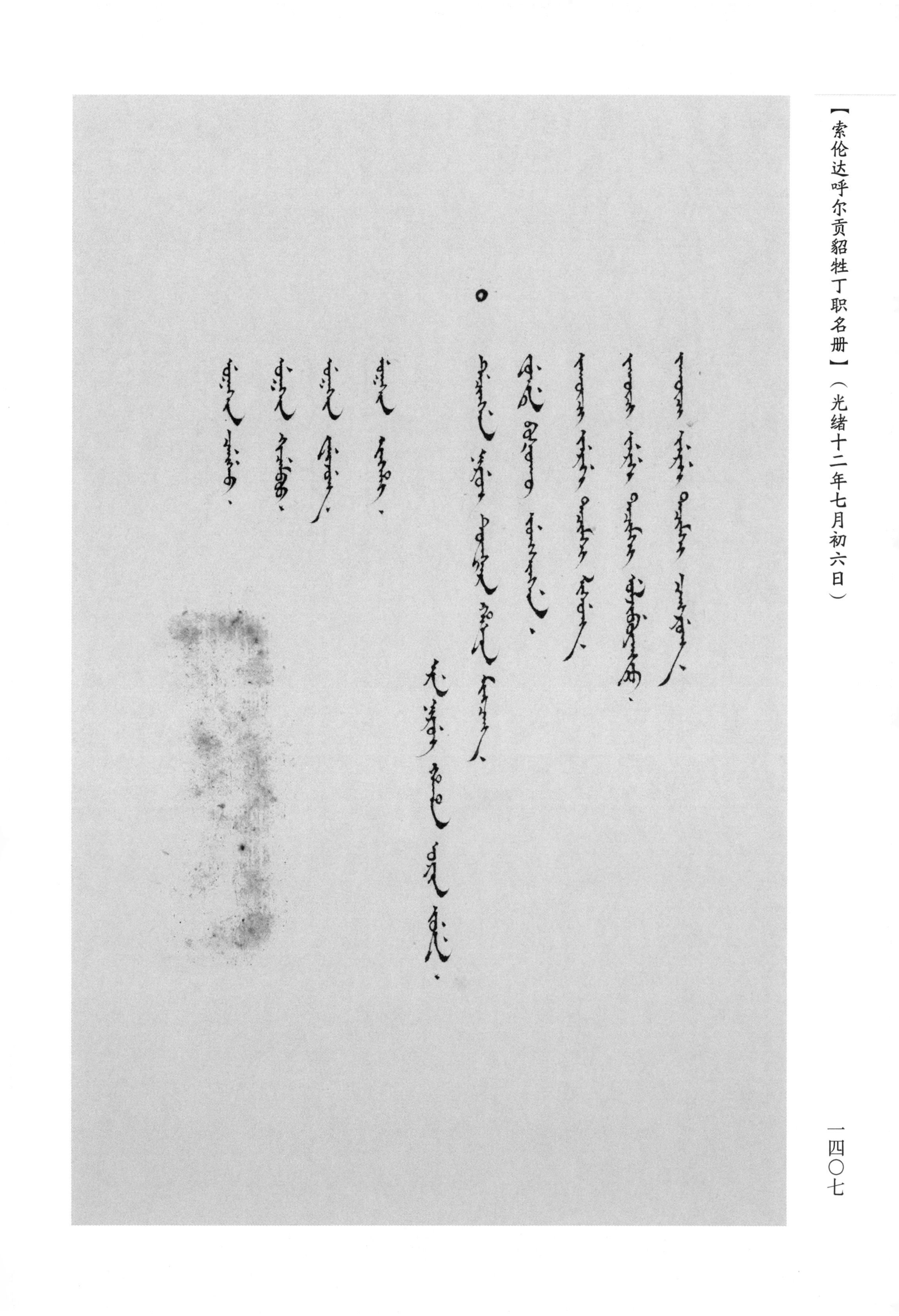

ᡠᡴᠰᡳᠨ [illegible]

ᡠᡴᠰᡳᠨ [illegible]

ᡠᡴᠰᡳᠨ [illegible]

ᡠᡴᠰᡳᠨ [illegible]

ᠪᠣᡧᠣᡴᡡ [illegible]

ᠪᠣᡧᠣᡴᡡ [illegible]

ᠪᠣᡧᠣᡴᡡ [illegible]

ᠪᠣᡧᠣᡴᡡ [illegible]

ᠪᠣᡧᠣᡴᡡ [illegible]

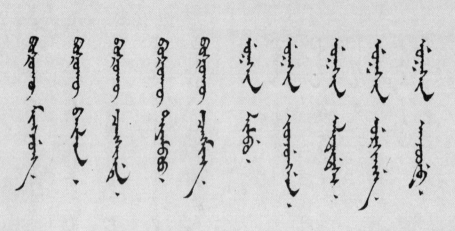

[illegible]

[illegible]

[illegible]

○ [illegible]

[illegible]

[illegible]

[illegible]

[illegible]

[illegible]

[illegible]

ᠣᡴᠰᡳᠨ [illegible]
ᠣᡴᠰᡳᠨ [illegible]
ᠣᡴᠰᡳᠨ [illegible]
ᠣᡴᠰᡳᠨ [illegible]
ᠣᡴᠰᡳᠨ [illegible]
ᠣᡴᠰᡳᠨ [illegible]
ᠣᡴᠰᡳᠨ [illegible]
ᠣᡴᠰᡳᠨ [illegible]
ᠣᡴᠰᡳᠨ [illegible]

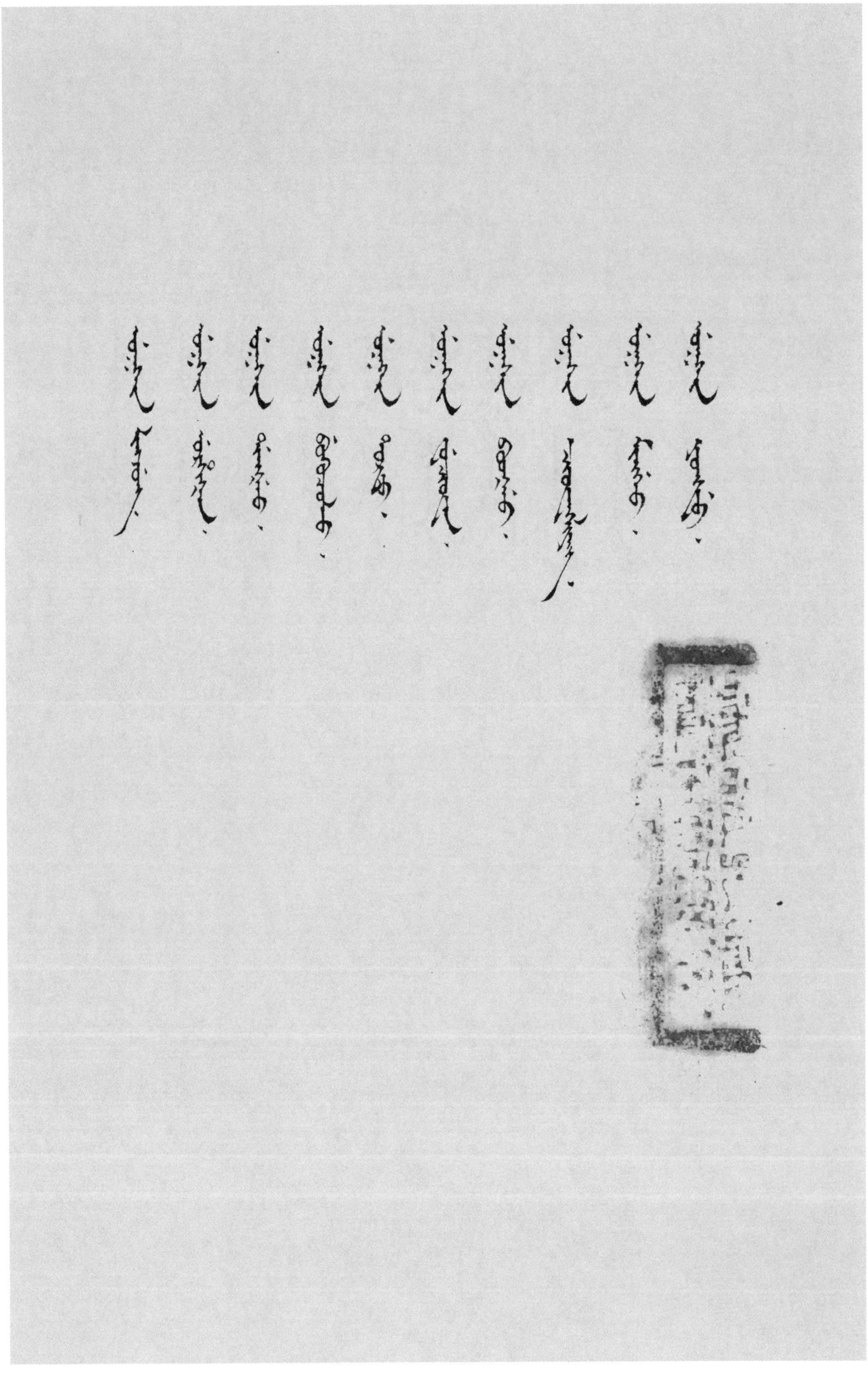

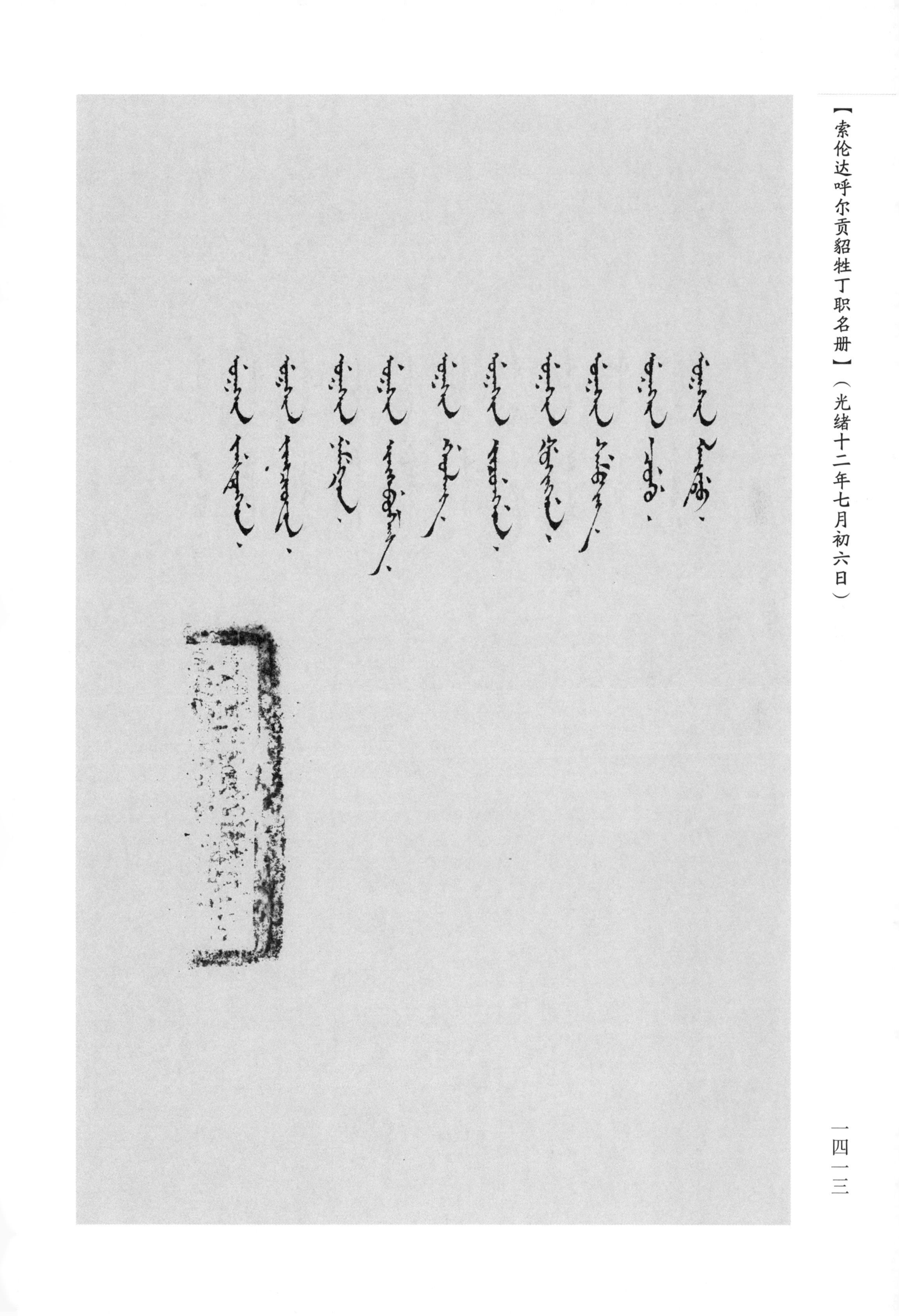

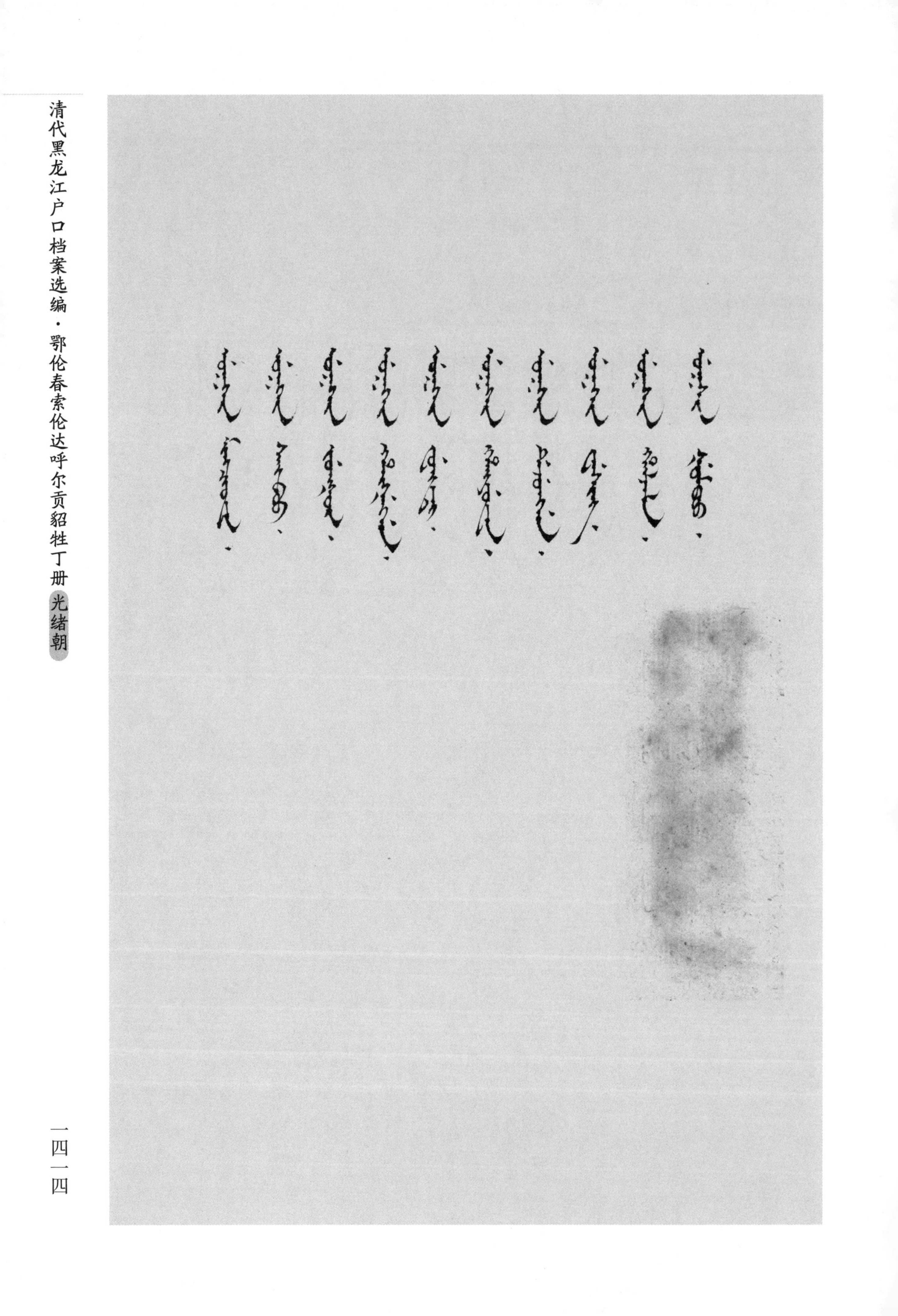

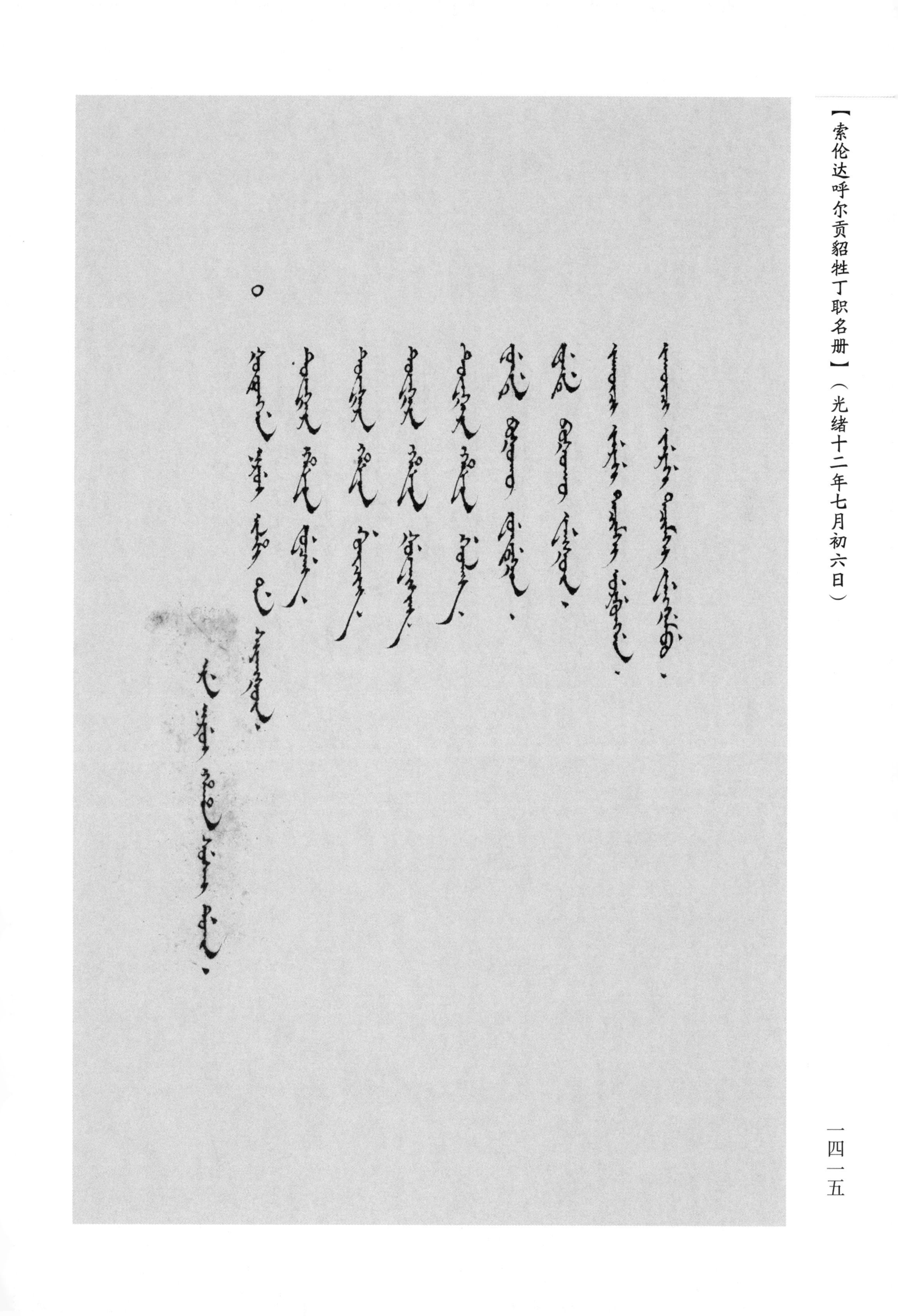

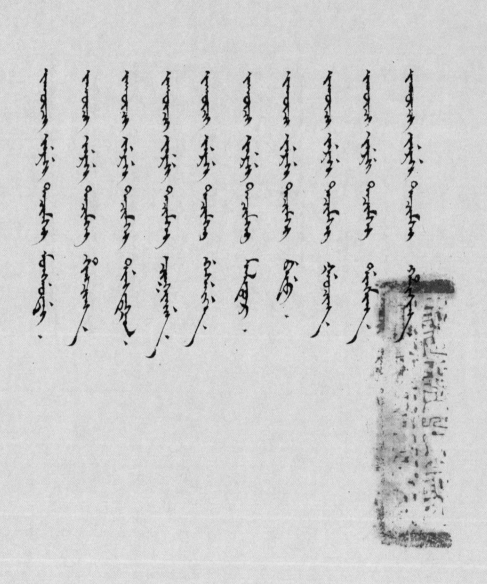

ᠪᠣᡧᠣᡴᡡ [illegible]

ᠪᠣᡧᠣᡴᡡ [illegible]

ᠪᠣᡧᠣᡴᡡ [illegible]

ᠪᠣᡧᠣᡴᡡ [illegible]

ᠪᠣᡧᠣᡴᡡ [illegible]

ᡠᡴᠰᡳᠨ [illegible]

ᡠᡴᠰᡳᠨ [illegible]

ᡠᡴᠰᡳᠨ [illegible]

ᡠᡴᠰᡳᠨ [illegible]

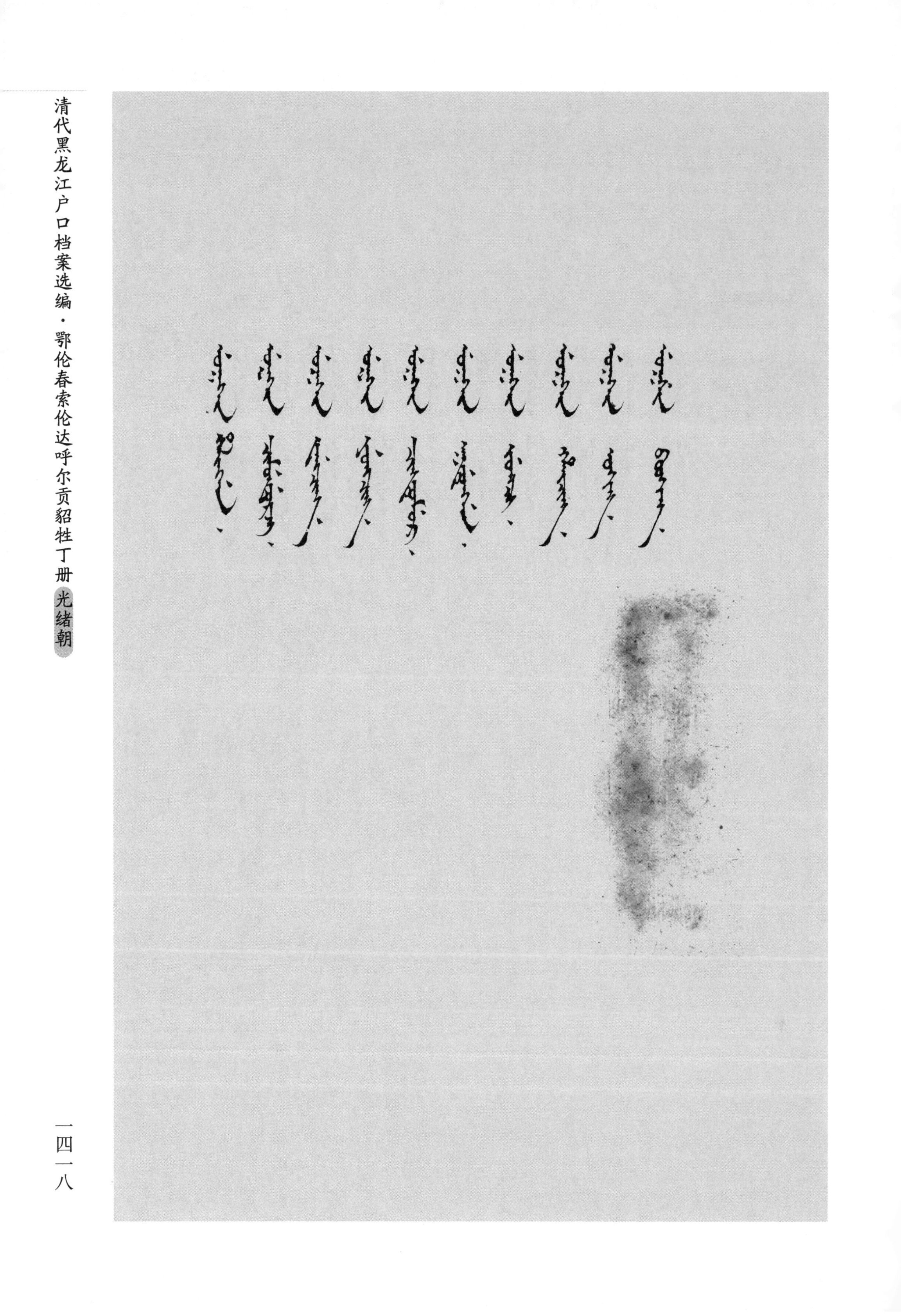

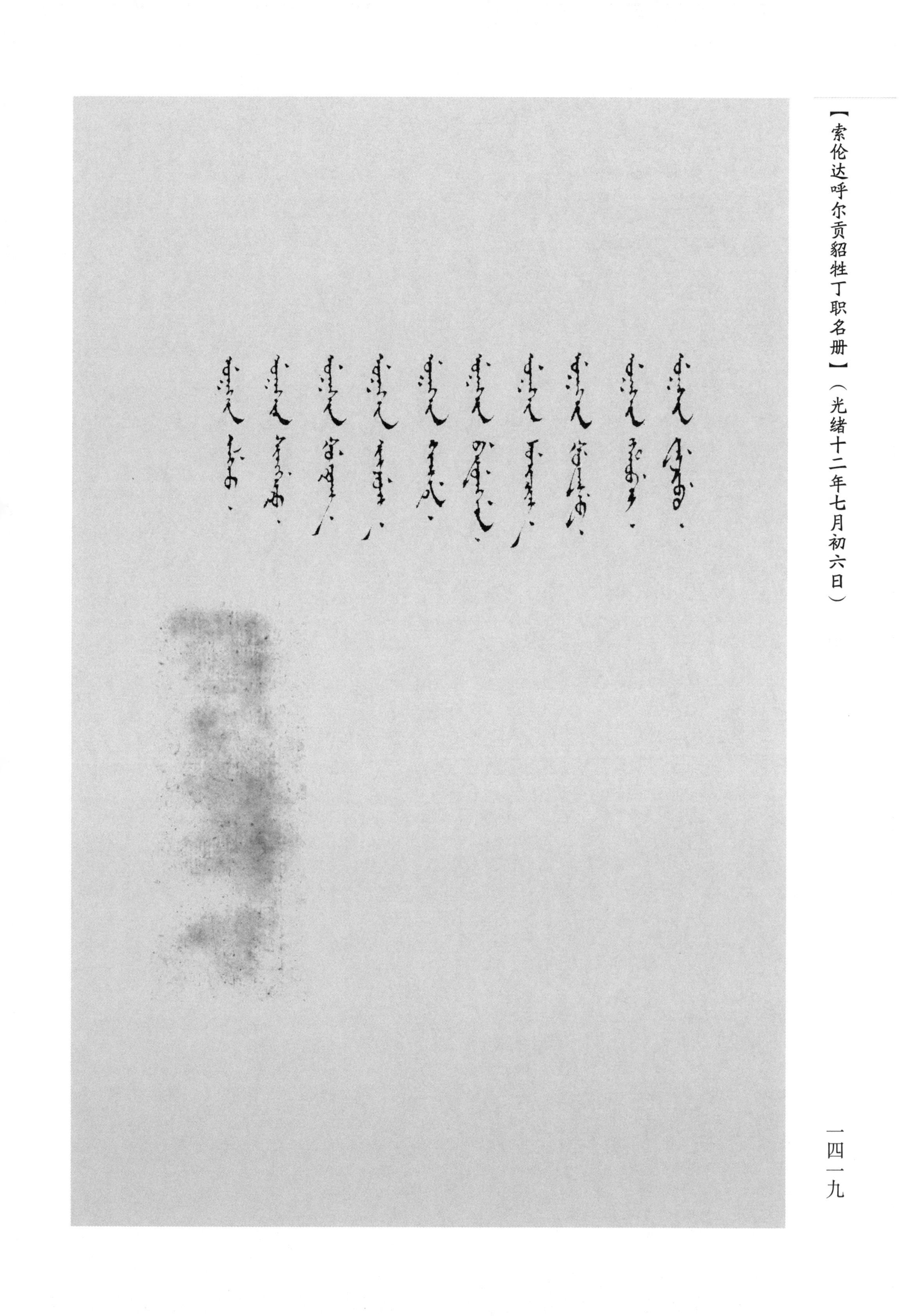

[illegible]

[illegible]

[illegible]

[illegible]

[illegible]

[illegible]

[illegible]

[illegible]

[illegible]

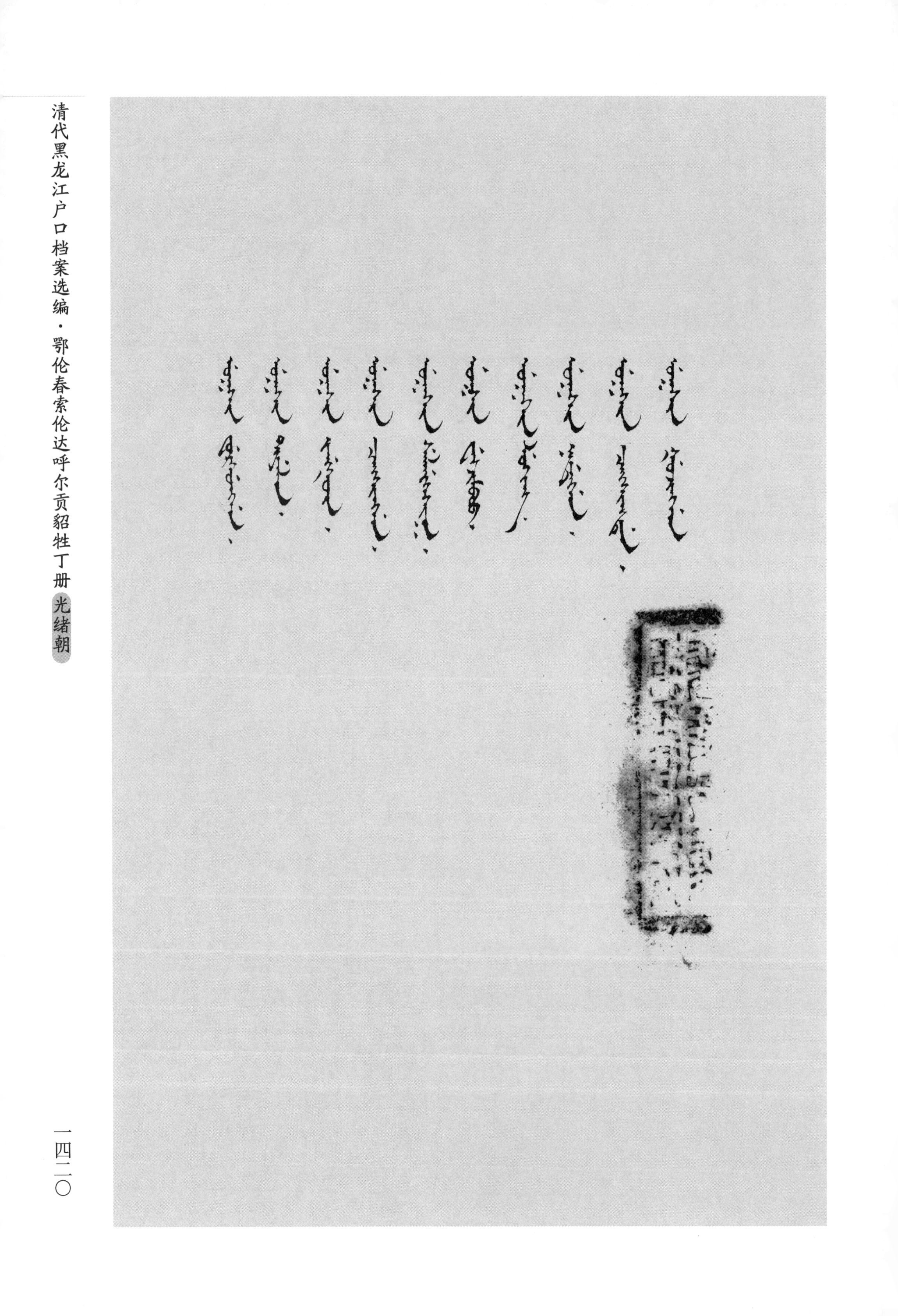

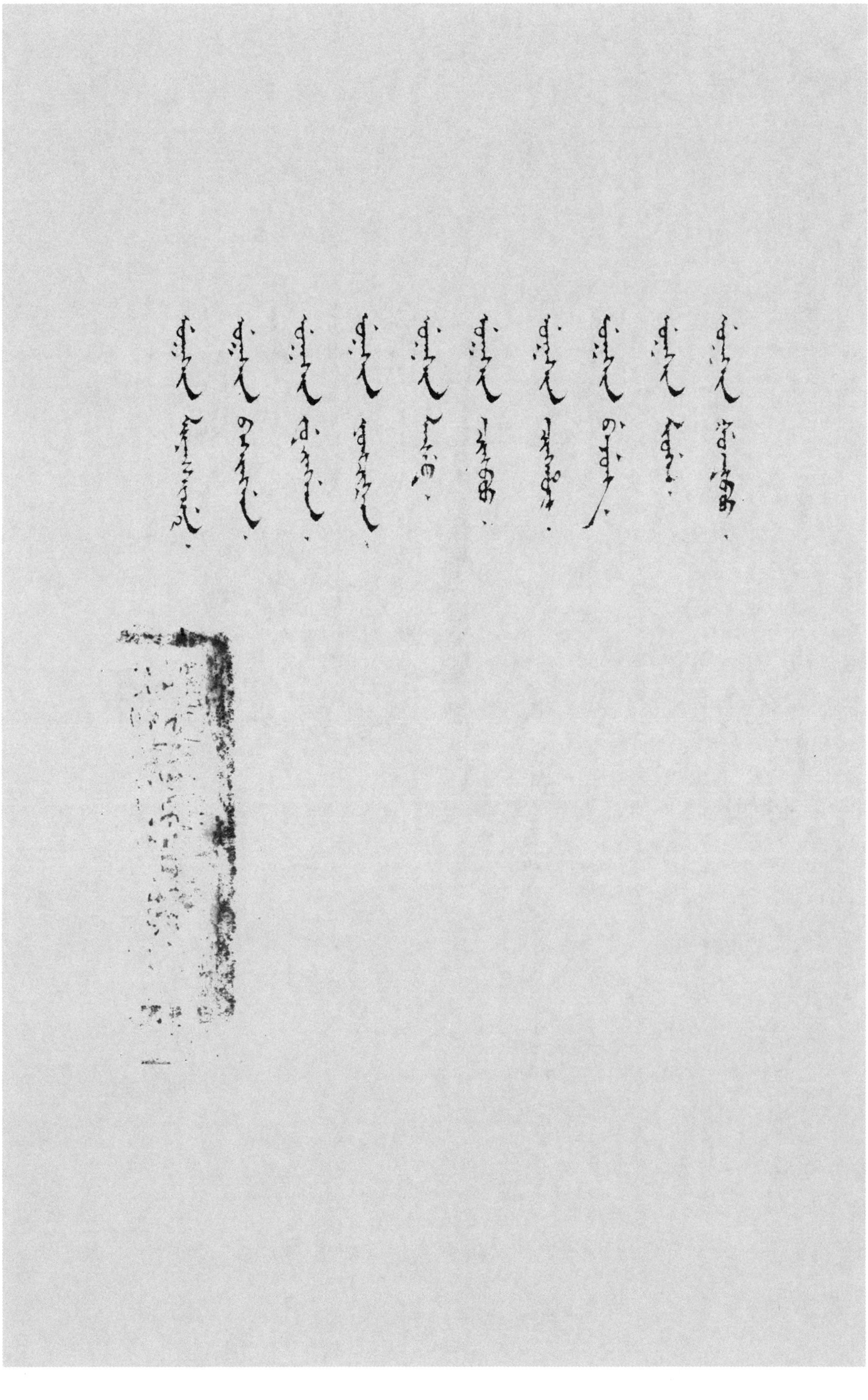

[illegible]

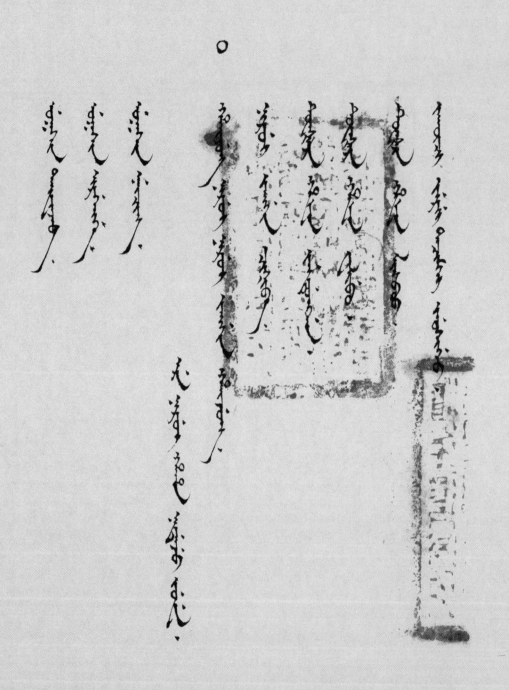

[illegible]

[illegible]

ᠪᠣᡧᠣᡴᡡ [illegible]

ᠪᠣᡧᠣᡴᡡ [illegible]

ᠪᠣᡧᠣᡴᡡ [illegible]

ᠪᠣᡧᠣᡴᡡ [illegible]

ᠪᠣᡧᠣᡴᡡ [illegible]

[illegible]

[illegible]

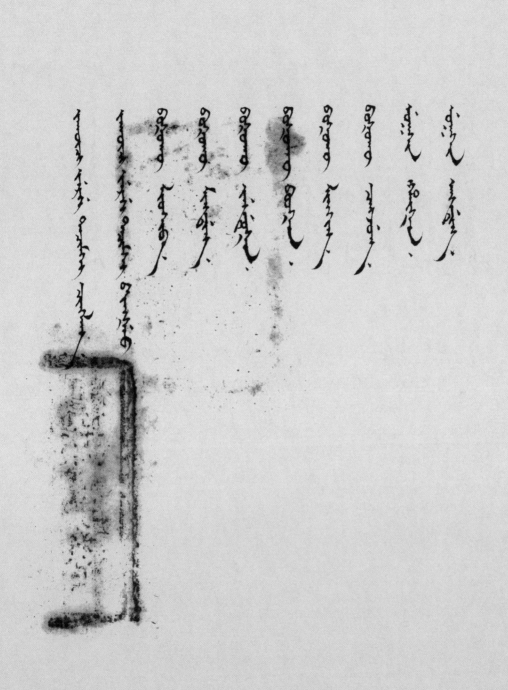

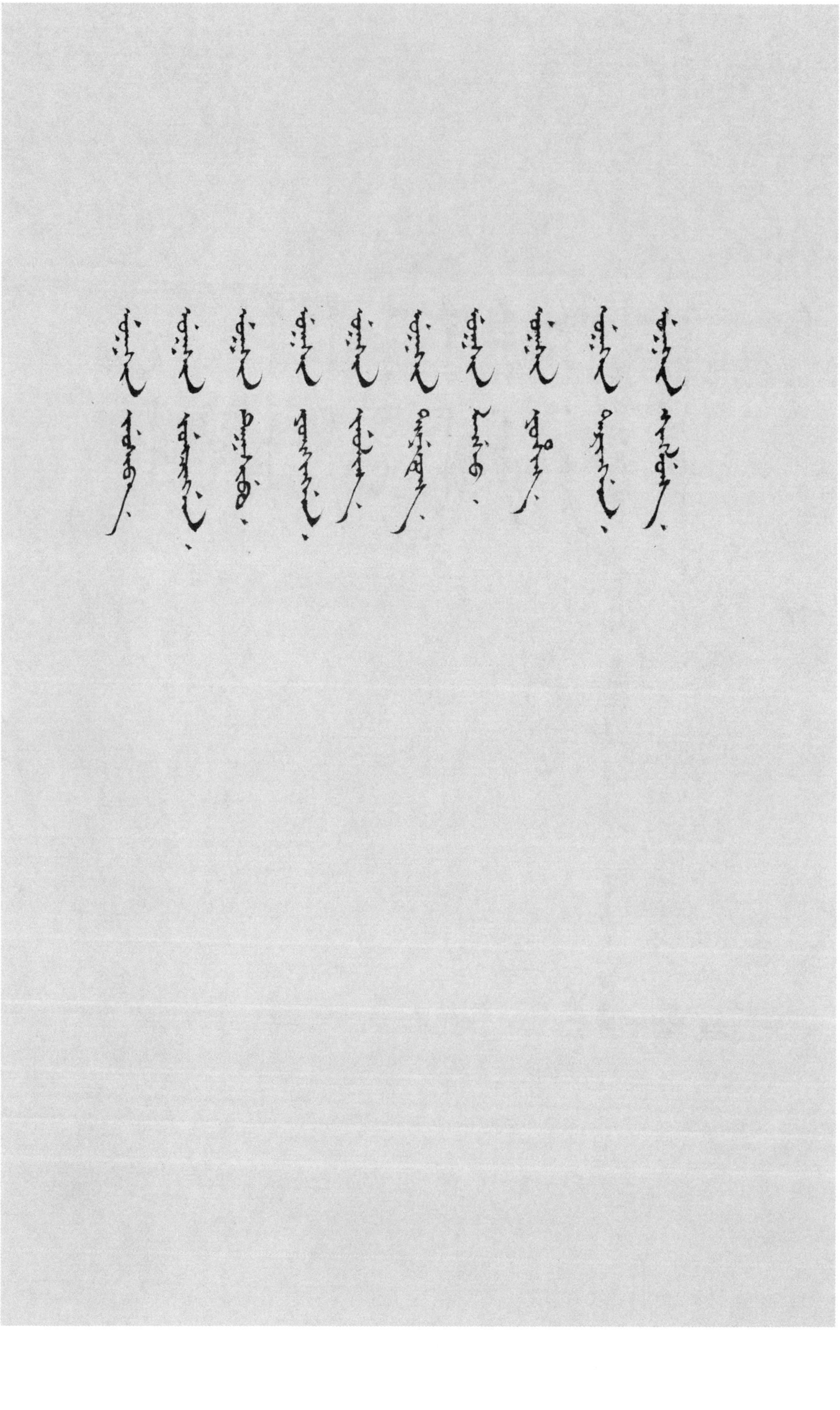

ᡠᡴᠰᡳᠨ [illegible]

ᡠᡴᠰᡳᠨ [illegible]

ᡠᡴᠰᡳᠨ [illegible]

ᡠᡴᠰᡳᠨ [illegible]

ᡠᡴᠰᡳᠨ [illegible]

ᡠᡴᠰᡳᠨ [illegible]

ᡠᡴᠰᡳᠨ [illegible]

ᡠᡴᠰᡳᠨ [illegible]

ᡠᡴᠰᡳᠨ [illegible]

ᡠᡴᠰᡳᠨ [illegible]

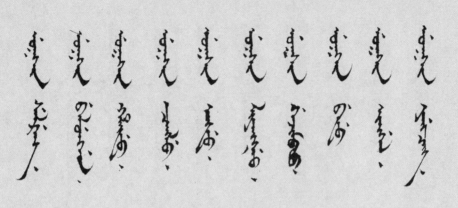

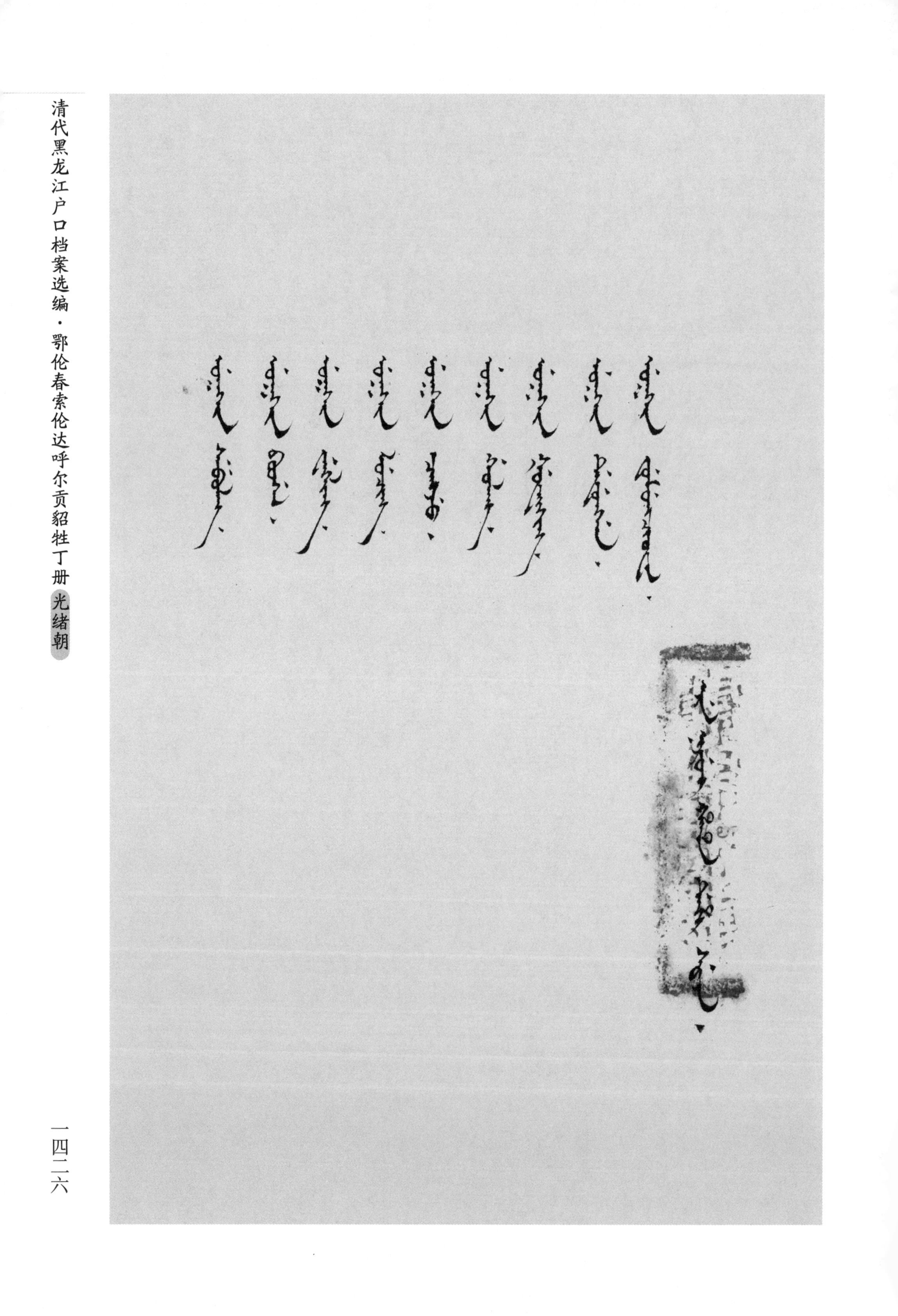

○

ᠪᠠᡩᠠᡵᠠᠩᡤᠠ ᠵᡠᠸᠠᠨ ᠵᡠᠸᡝ ᠠᠨᡳᠶᠠ ᠨᠠᡩᠠᠨ ᠪᡳᠶᠠ

ᡴᡠᠪᡠᡥᡝ ᡶᡠᠯᡤᡳᠶᠠᠨ ᠮᡝᡳᡵᡝᠨ

ᡴᡠᠪᡠᡥᡝ ᡶᡠᠯᡤᡳᠶᠠᠨ ᠰᡝᠮᡝᠨᡳ

ᡴᡠᠪᡠᡥᡝ ᡶᡠᠯᡤᡳᠶᠠᠨ ᠰᡝᠮᡝᠨᡳ

ᠮᡠᡴᡡᠨ ᡳ ᠠᡳᠰᡳᠯᠠᠮᡝ ᠵᠠᡳᠩᡤᡳ

ᠮᡠᡴᡡᠨ ᡳ ᠠᡳᠰᡳᠯᠠᠮᡝ ᠰᡠᠯᡠᠨᡤᠠ

ᠪᠣᡧᠣᡴᡡ ᠮᡝᡳᡵᡝᠨ

ᠪᠣᡧᠣᡴᡡ ᠰᠠᠯᠪᡠ

ᠪᠣᡧᠣᡴᡡ ᠰᠠᠩᡤᡳ

ᠪᠣᡧᠣᡴᡡ ᡩᠠᡧᡳᠩᡤᠠ

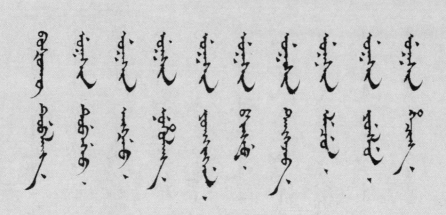

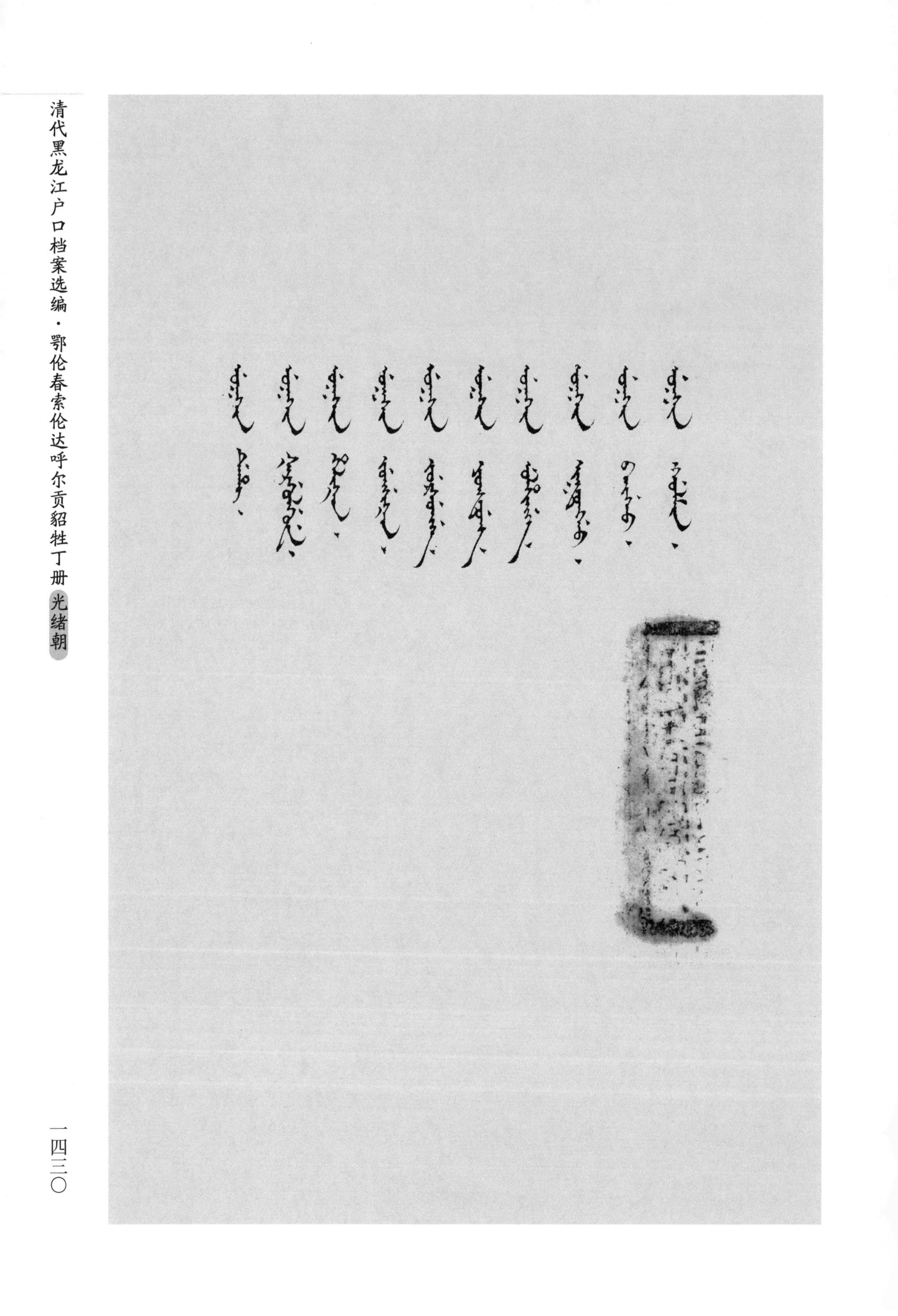

[illegible]

[illegible]

[illegible]

[illegible]

[illegible]

[illegible]

[illegible]

[illegible]

[illegible]

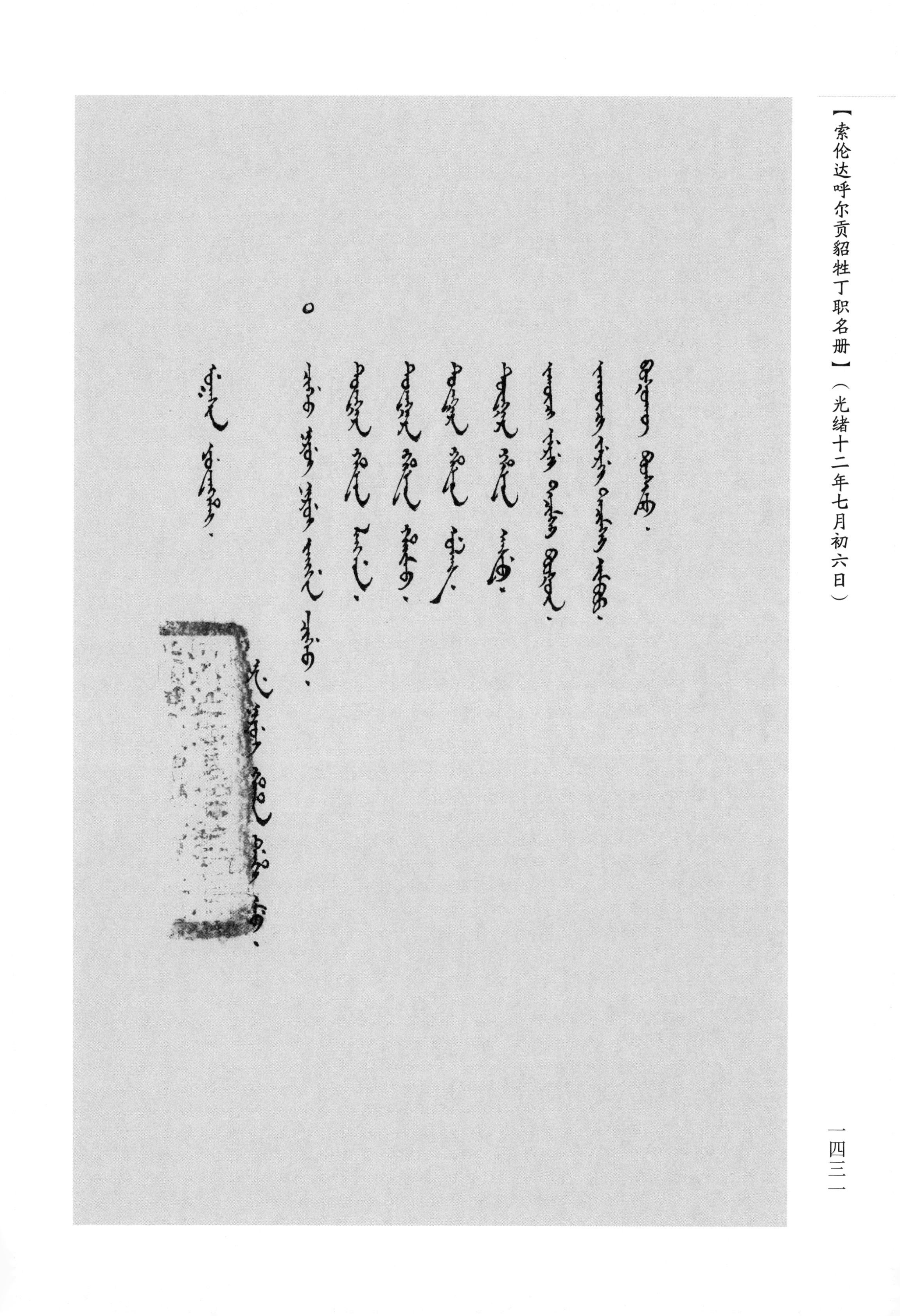

[illegible]

ᡠᡴᠰᡳᠨ [illegible]

ᡠᡴᠰᡳᠨ [illegible]

ᡠᡴᠰᡳᠨ [illegible]

ᡠᡴᠰᡳᠨ [illegible]

ᡠᡴᠰᡳᠨ [illegible]

ᡠᡴᠰᡳᠨ [illegible]

ᡠᡴᠰᡳᠨ [illegible]

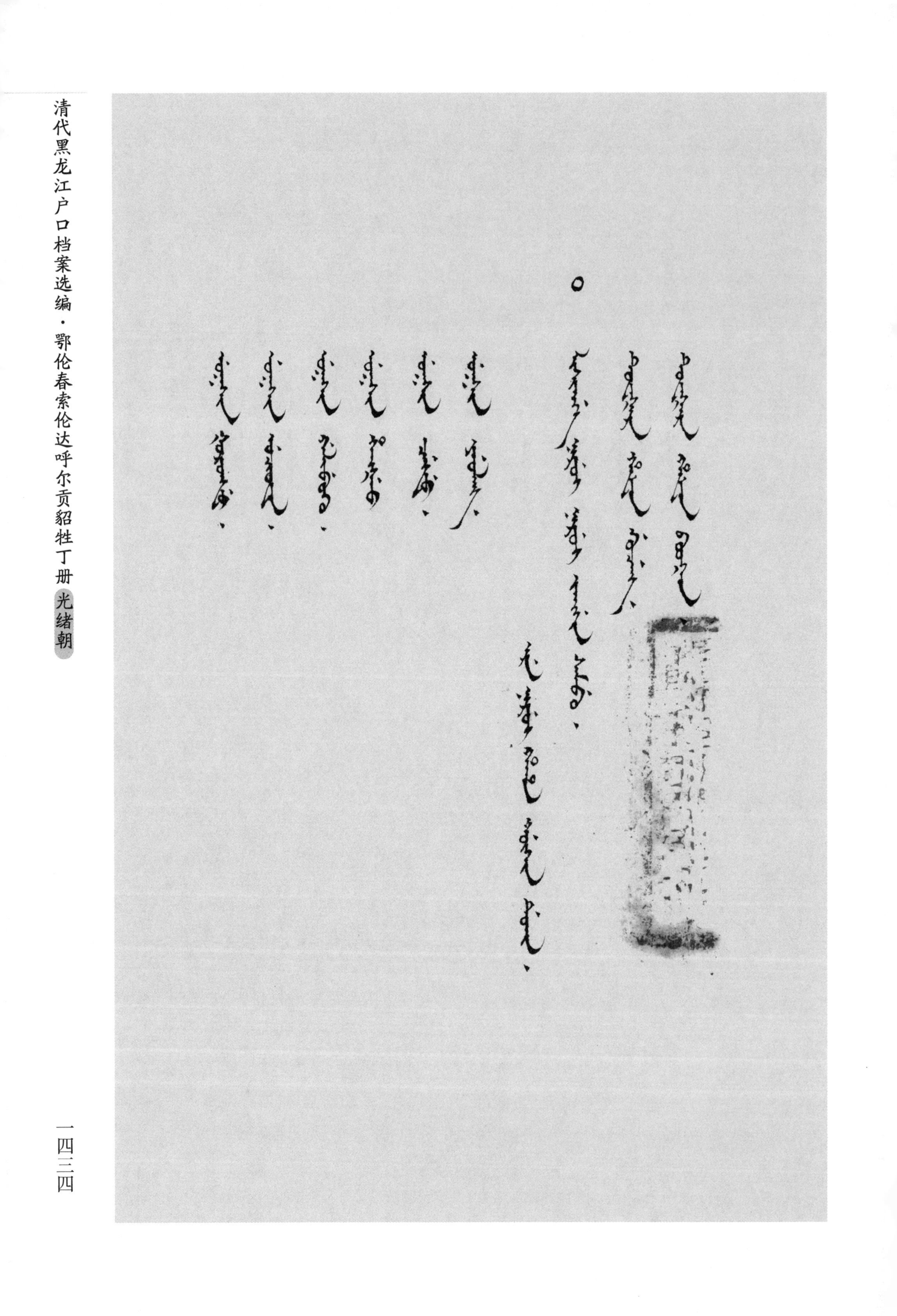

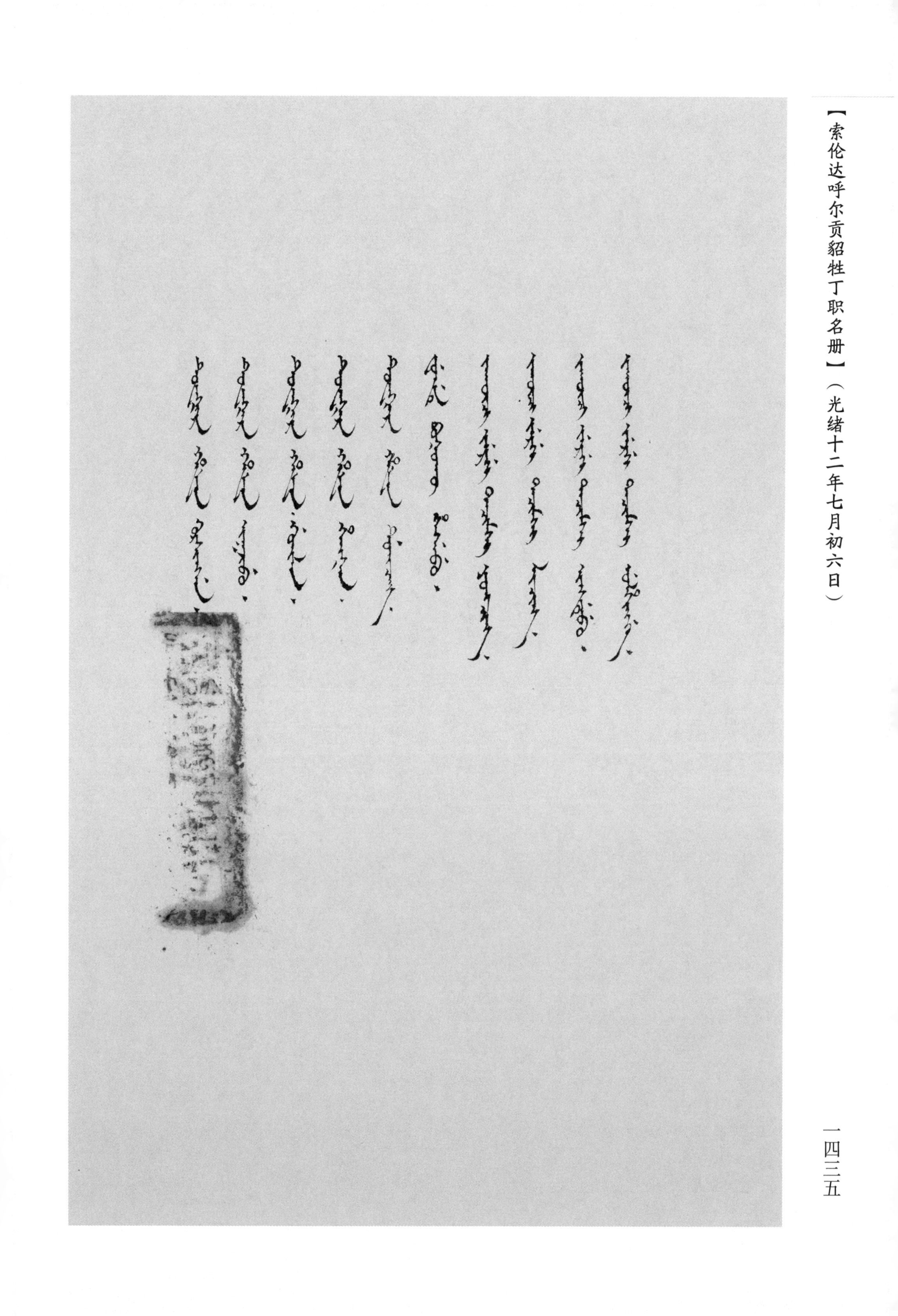

[illegible]
[illegible]
[illegible]
[illegible]
[illegible]
[illegible]
[illegible]
[illegible]
[illegible]

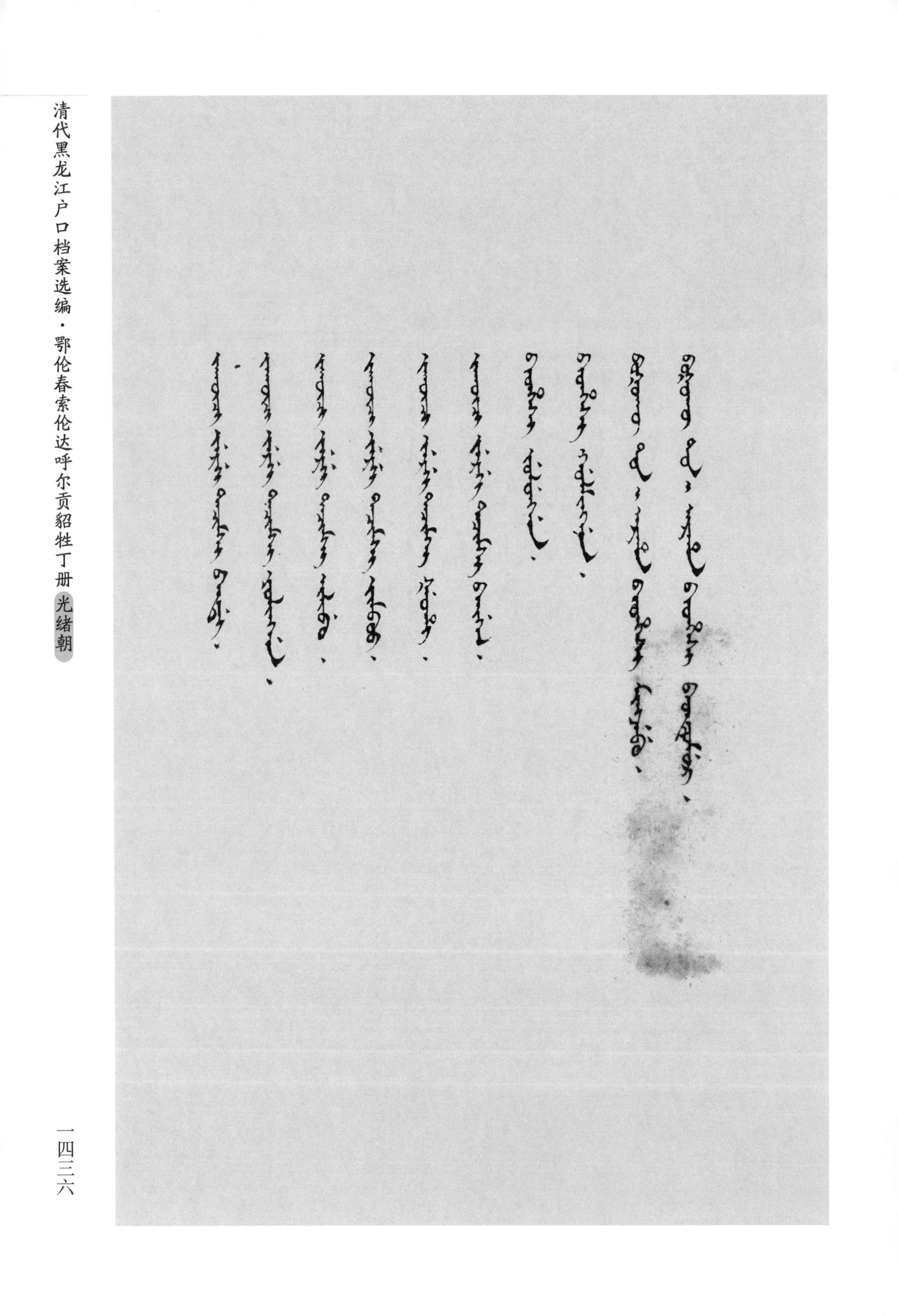

[illegible]

[illegible]

[illegible]

[illegible]

[illegible]

[illegible]

[illegible]

[illegible]

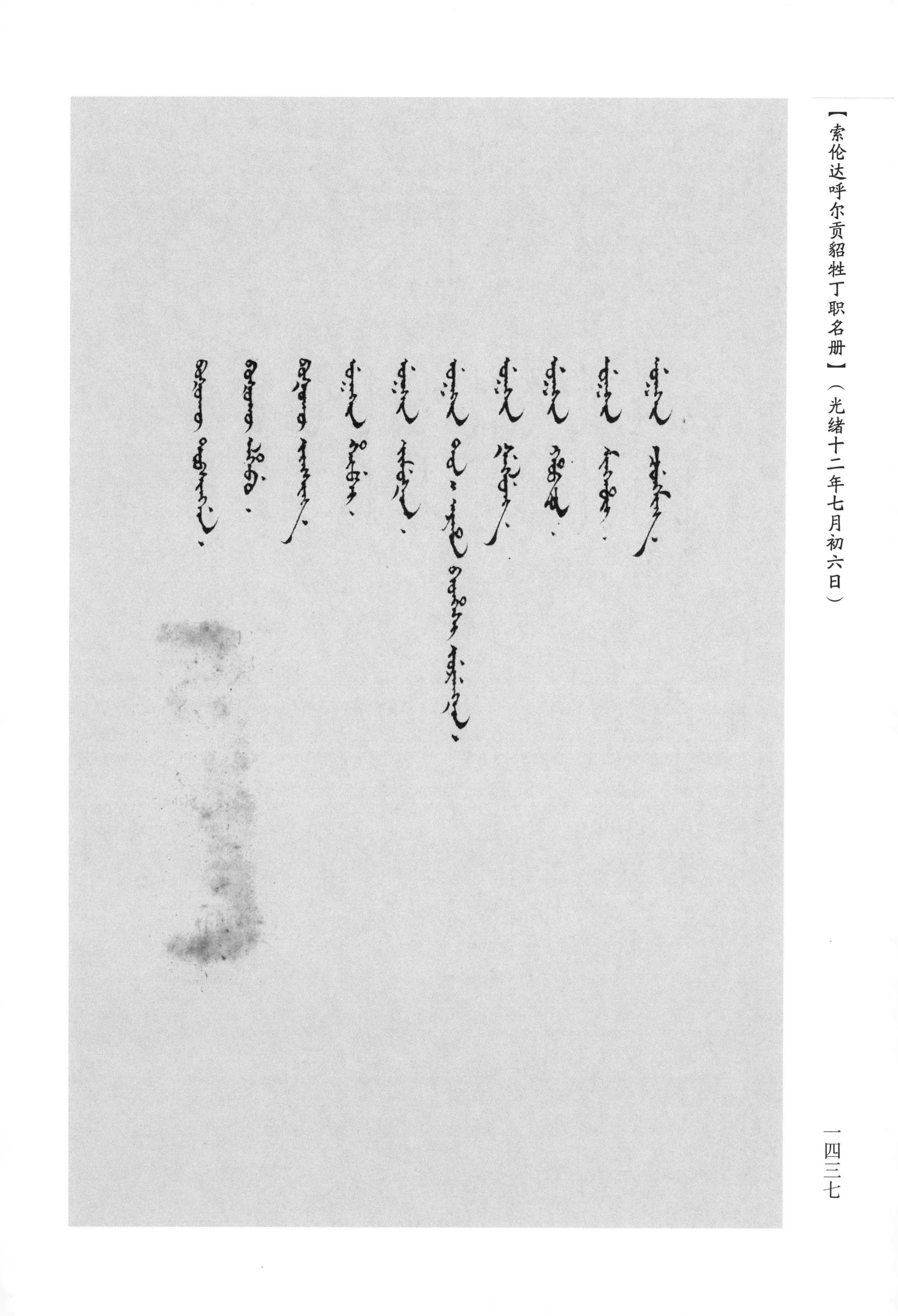

[illegible]

[illegible]

[illegible]

[illegible]

[illegible]

[illegible]

[illegible]

[illegible]

[illegible]

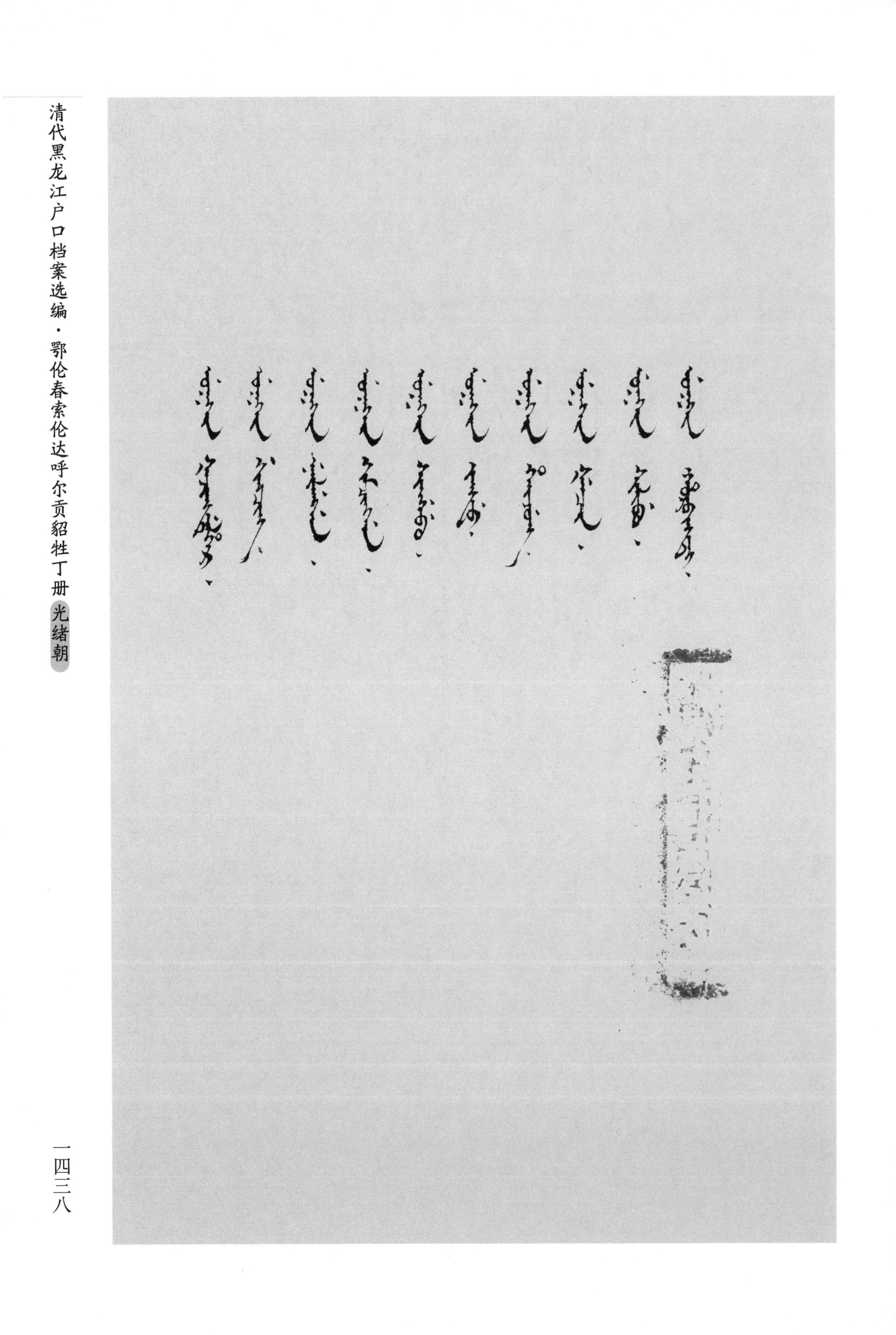

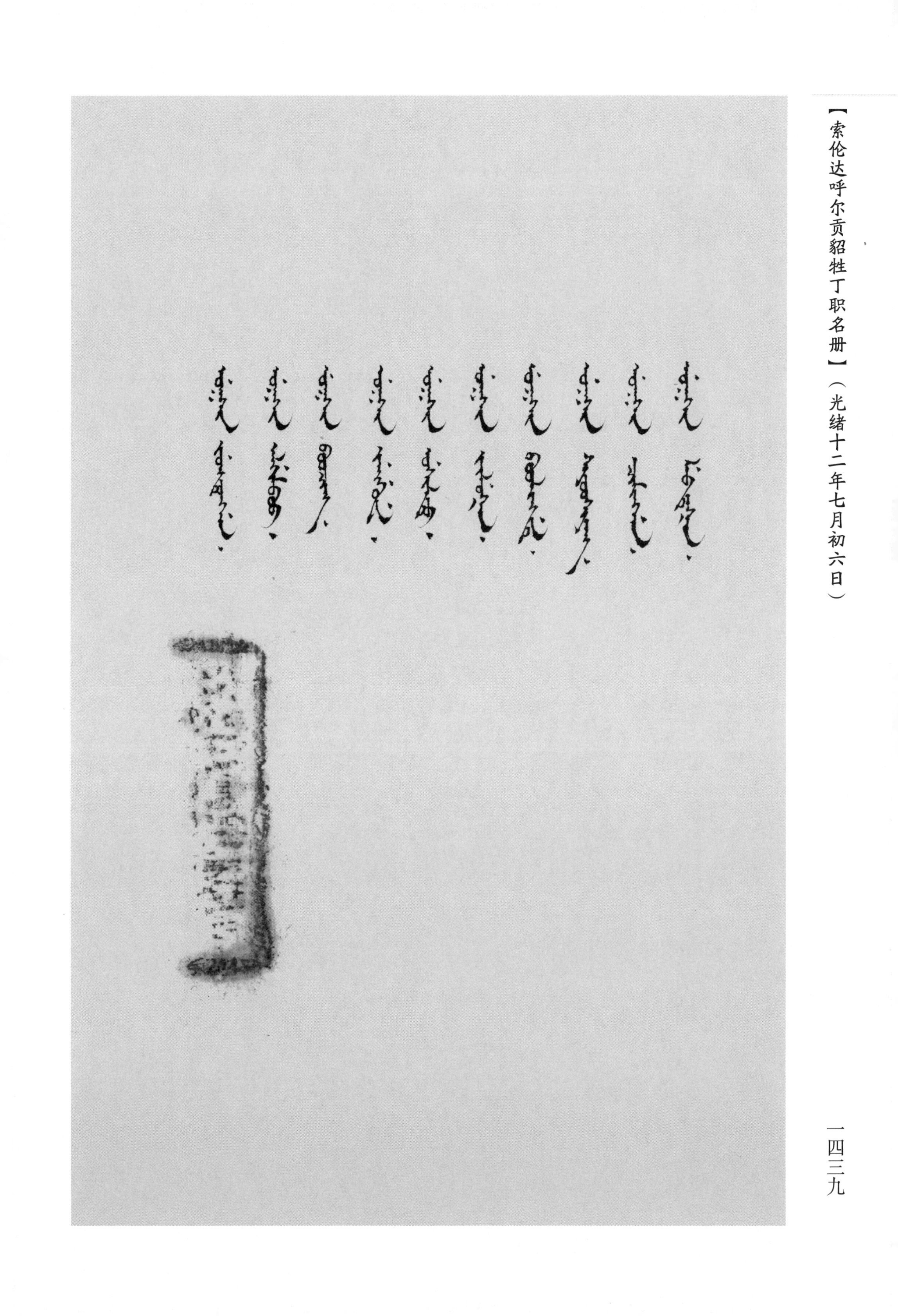

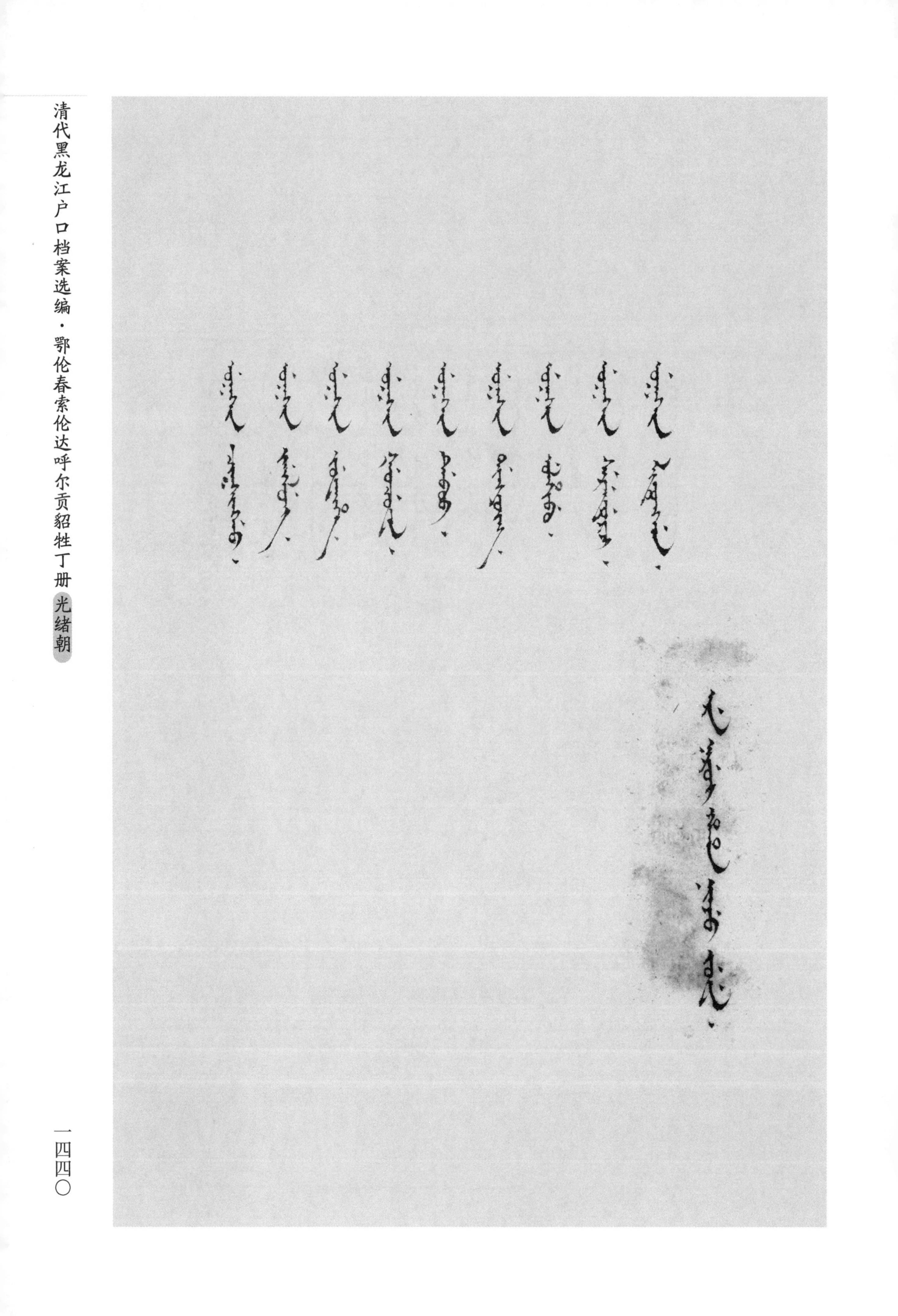

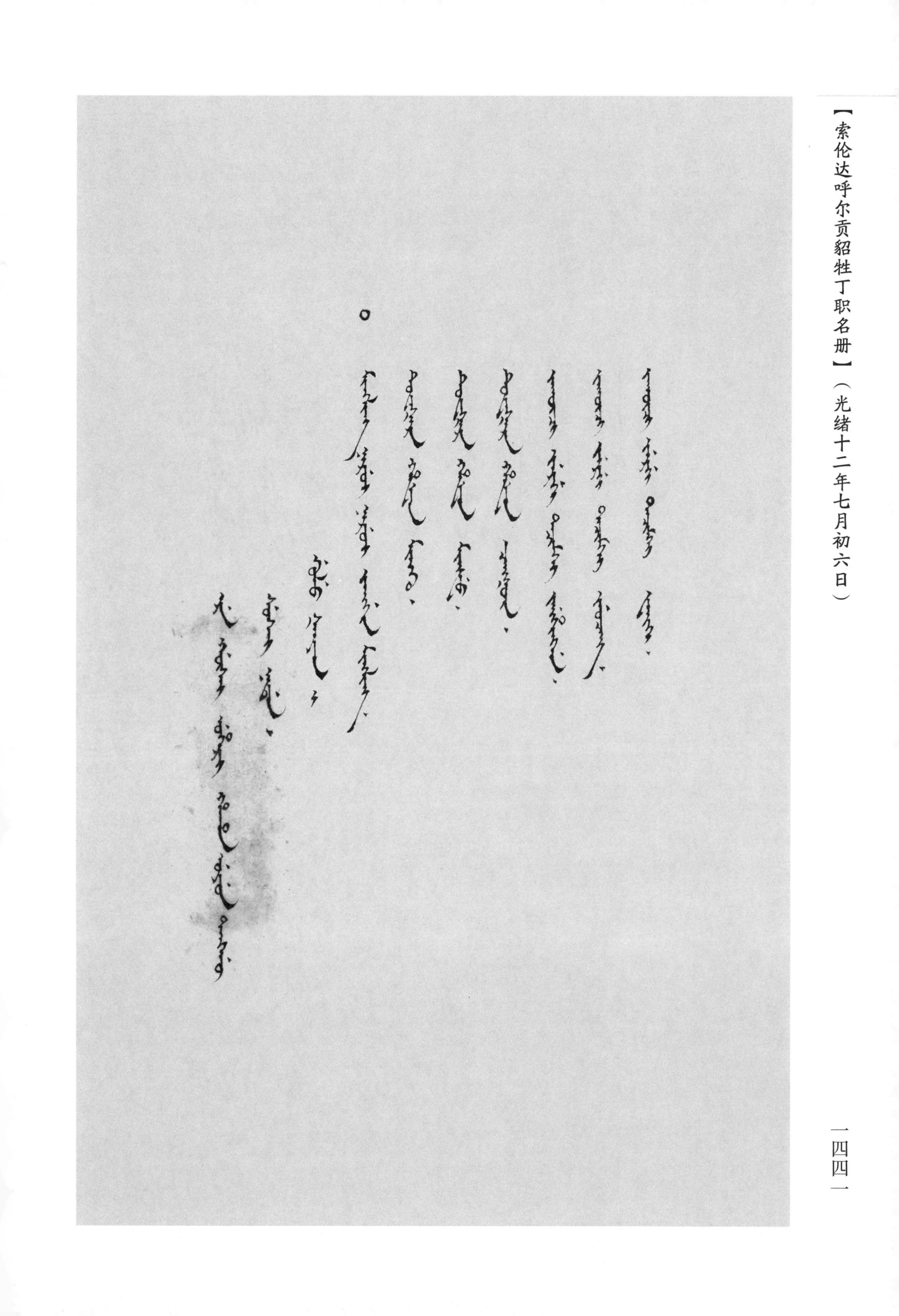

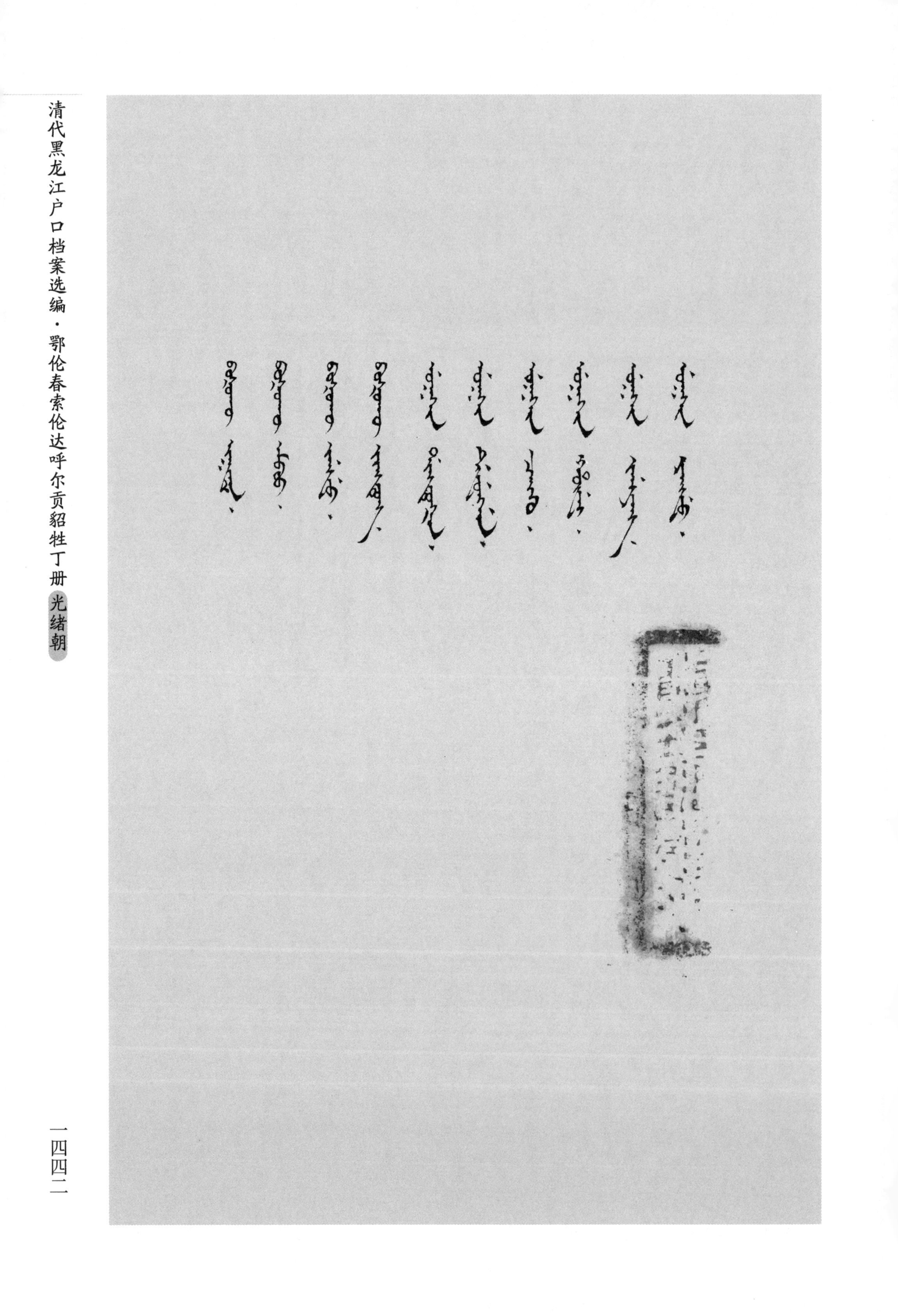

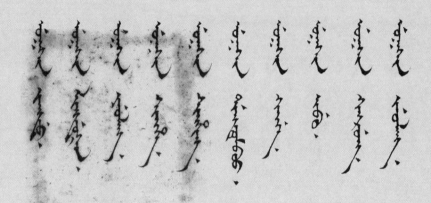

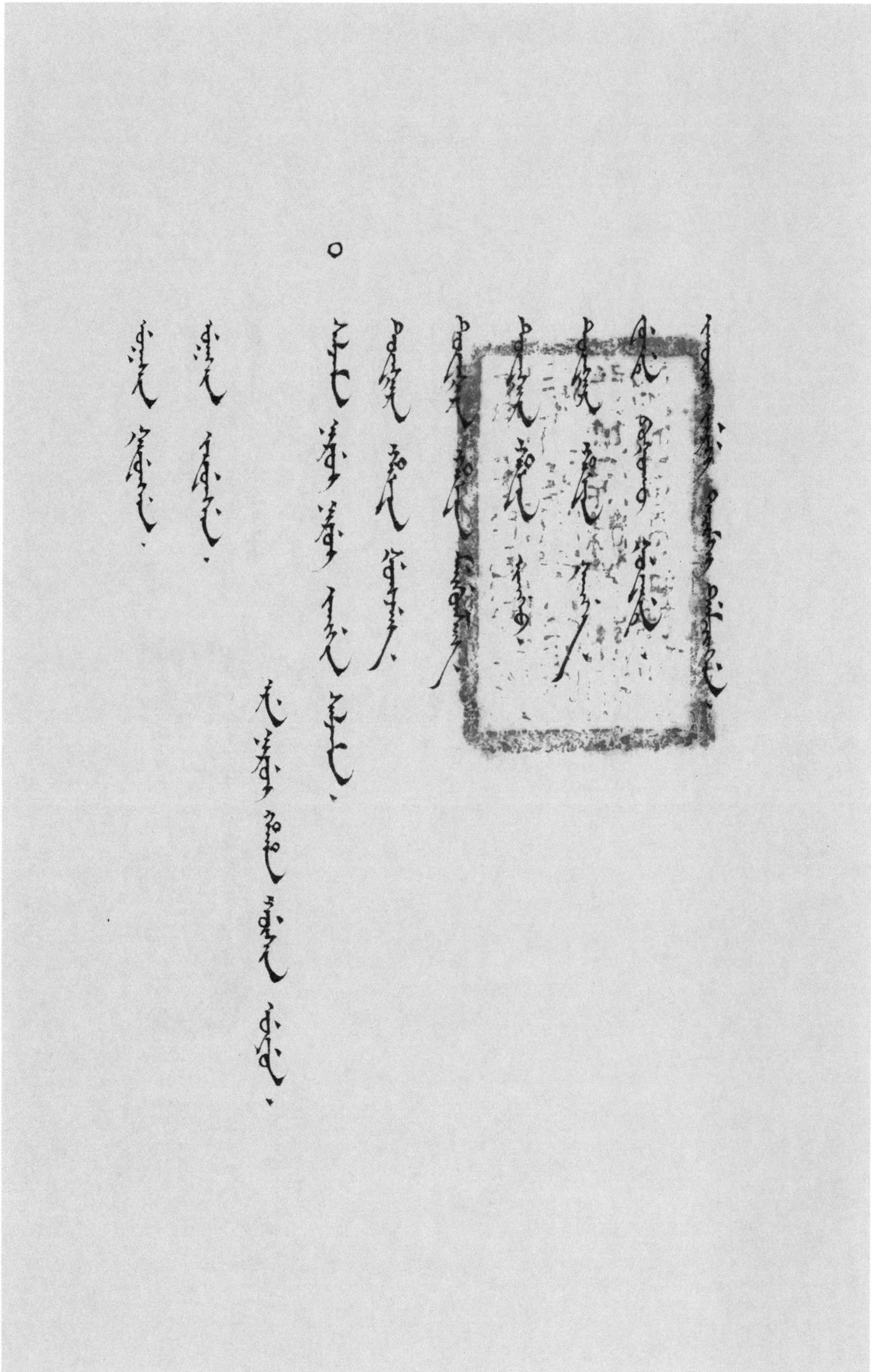
[illegible]

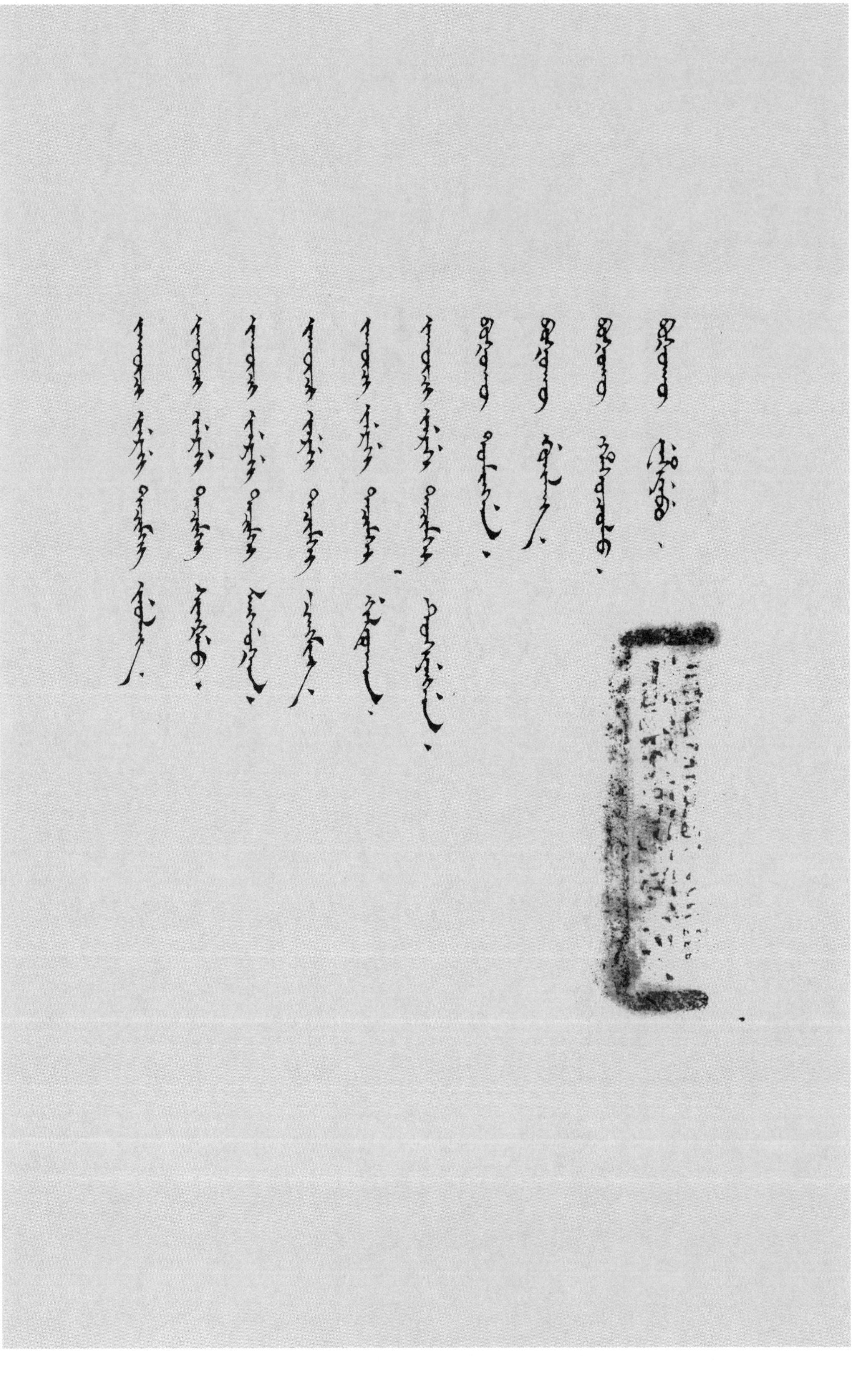

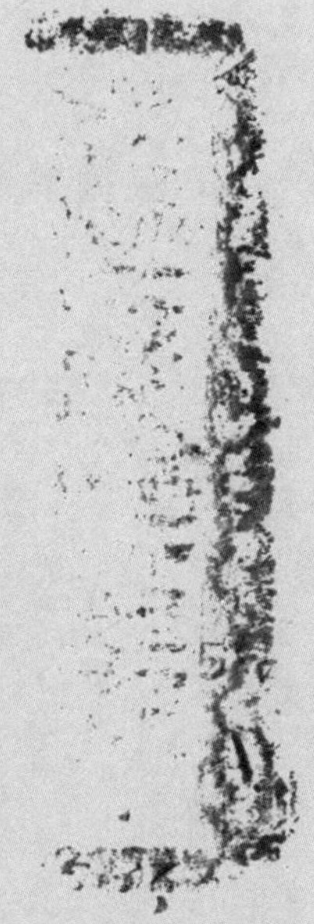

ᡥᠠᡥᠠ ᠰᠠᠩᠰᡝᠪᡠ
ᡥᠠᡥᠠ ᠵᠣᠪᡠ
ᡥᠠᡥᠠ ᠰᡝᠮᡝᠩᡤᡝ
ᡥᠠᡥᠠ ᡶᡠᠯᡠᠪᡠ
ᡥᠠᡥᠠ ᡩᠠᠩᠰᡝᠩᡤᠠ
ᡥᠠᡥᠠ ᠪᠣᠯᡳᠩᡤᡝ
ᡥᠠᡥᠠ ᠰᡝᠰᡝᠩᡤᡝ
ᡥᠠᡥᠠ ᠮᡠᠪᡠ
ᡥᠠᡥᠠ ᡶᡠᠰᡳᠩᡤᠠ
ᡥᠠᡥᠠ ᡶᡠᠯᡳᠩᡤᠠ

ᡠᡴᠰᡳᠨ [illegible]

ᡠᡴᠰᡳᠨ [illegible]

ᡠᡴᠰᡳᠨ [illegible]

ᡠᡴᠰᡳᠨ [illegible]

ᡠᡴᠰᡳᠨ [illegible]

ᡠᡴᠰᡳᠨ [illegible]

ᡠᡴᠰᡳᠨ [illegible]

ᡠᡴᠰᡳᠨ [illegible]

ᡠᡴᠰᡳᠨ [illegible]

ᡠᡴᠰᡳᠨ [illegible]

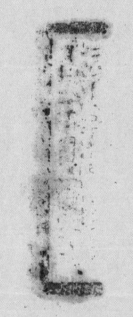

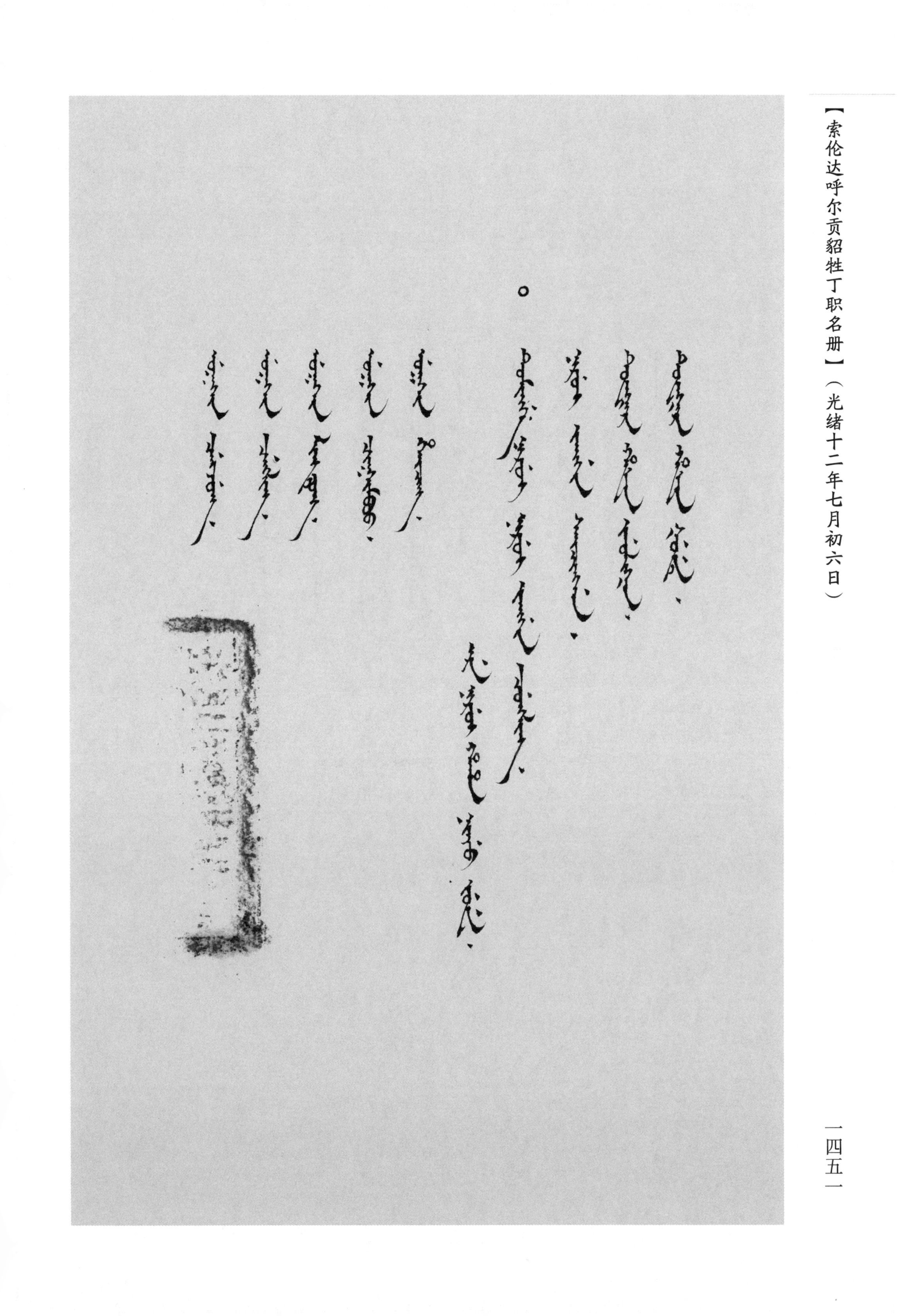

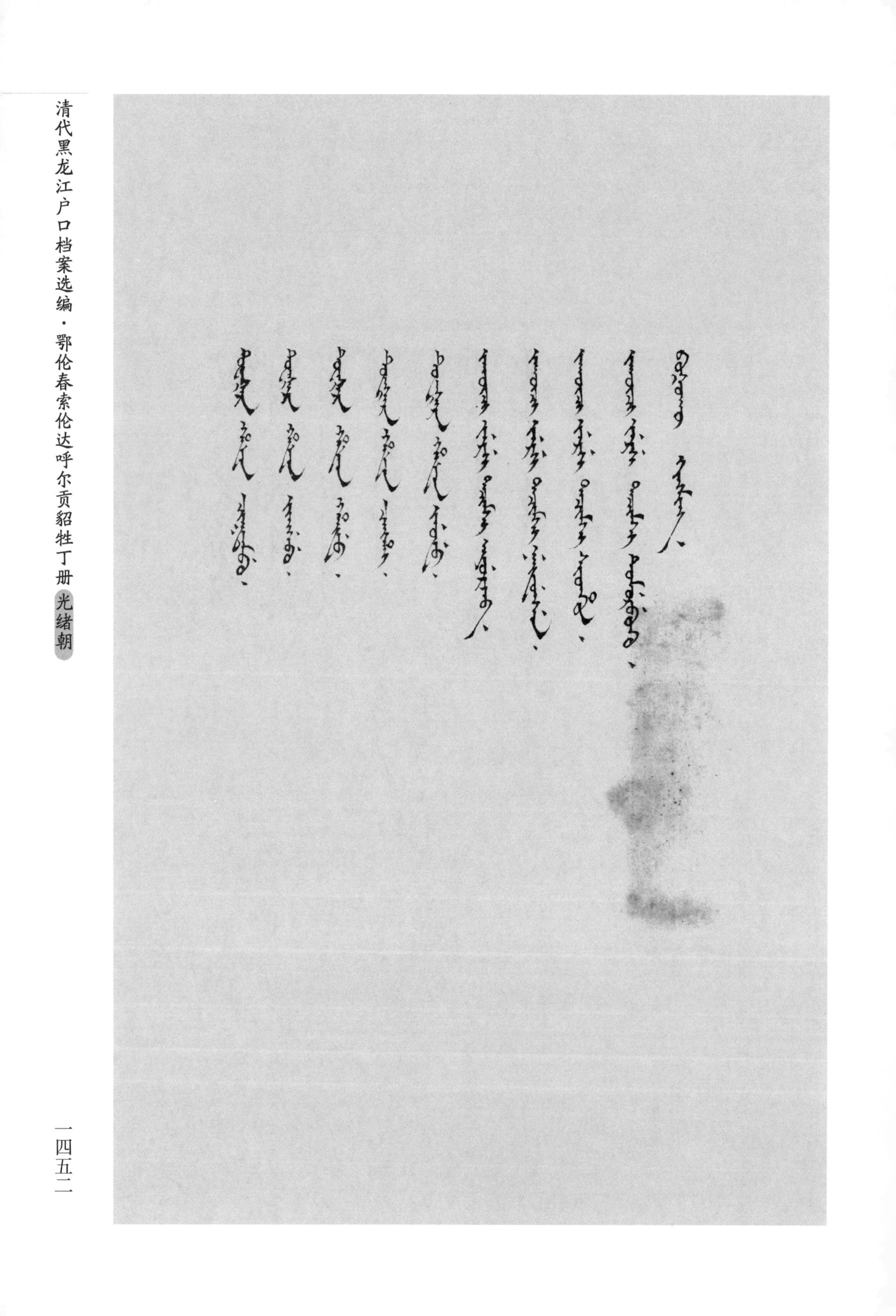

[illegible]

[illegible]

[illegible]

[illegible]

[illegible]

[illegible]

[illegible]

[illegible]

[illegible]

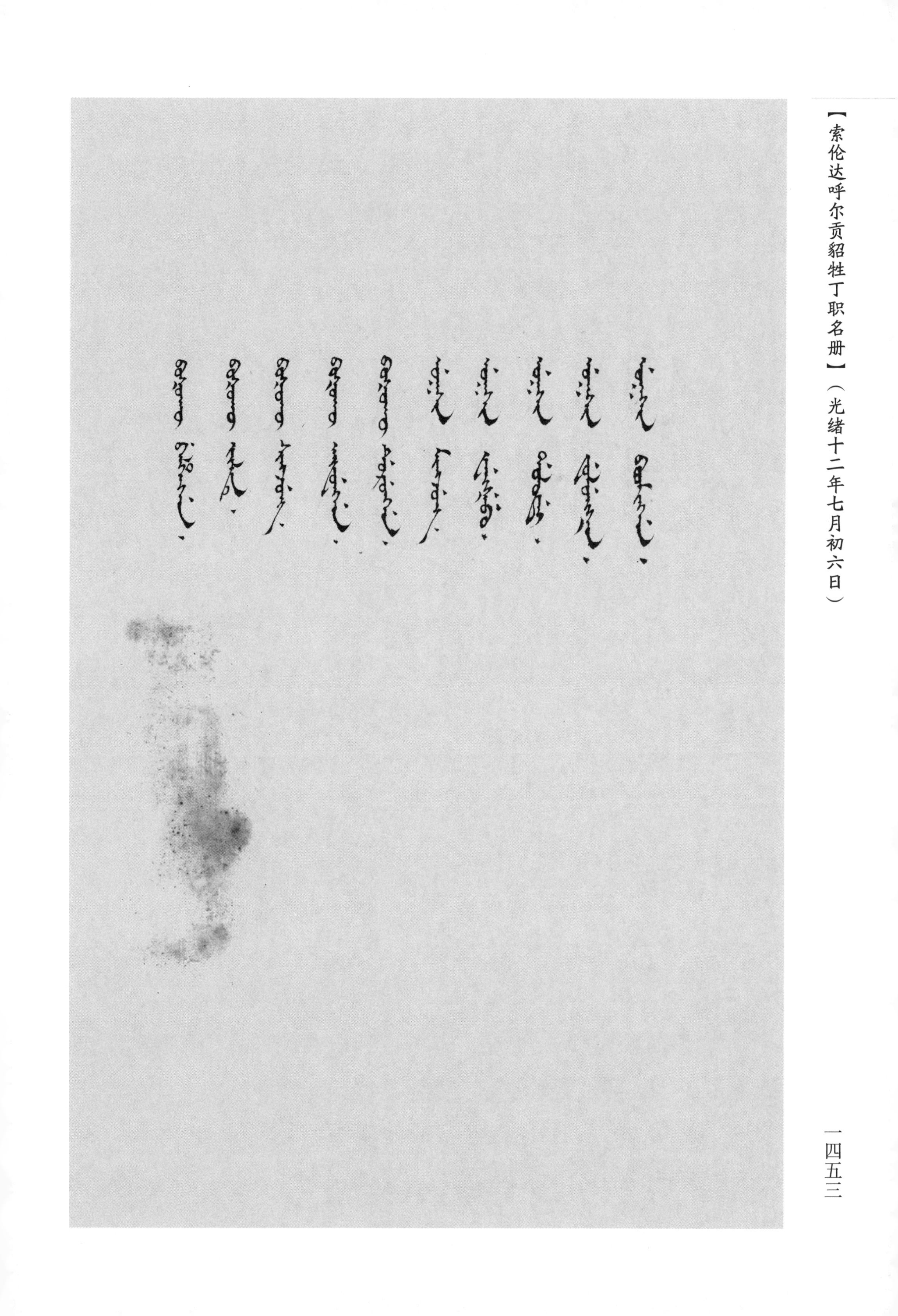

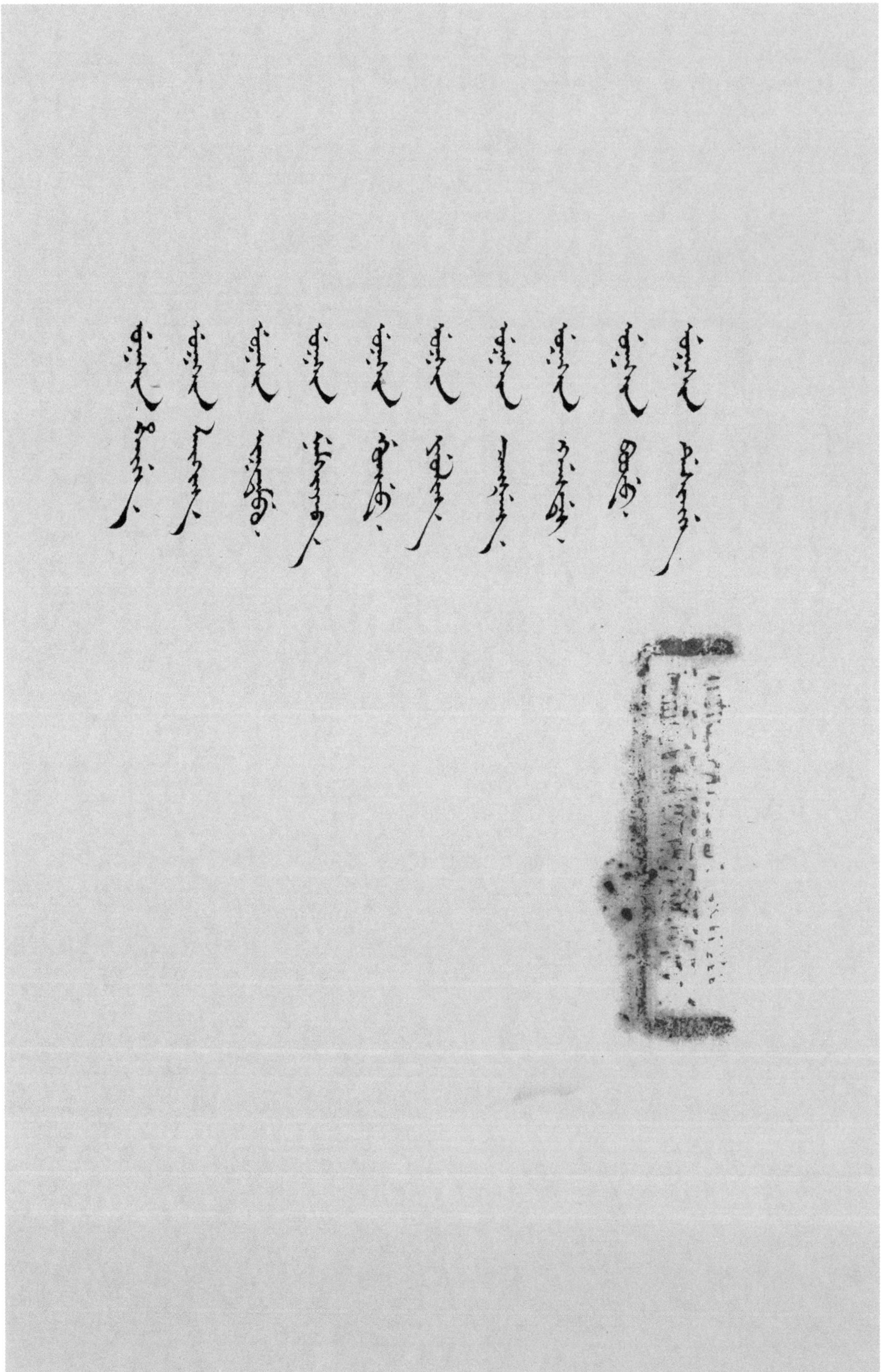

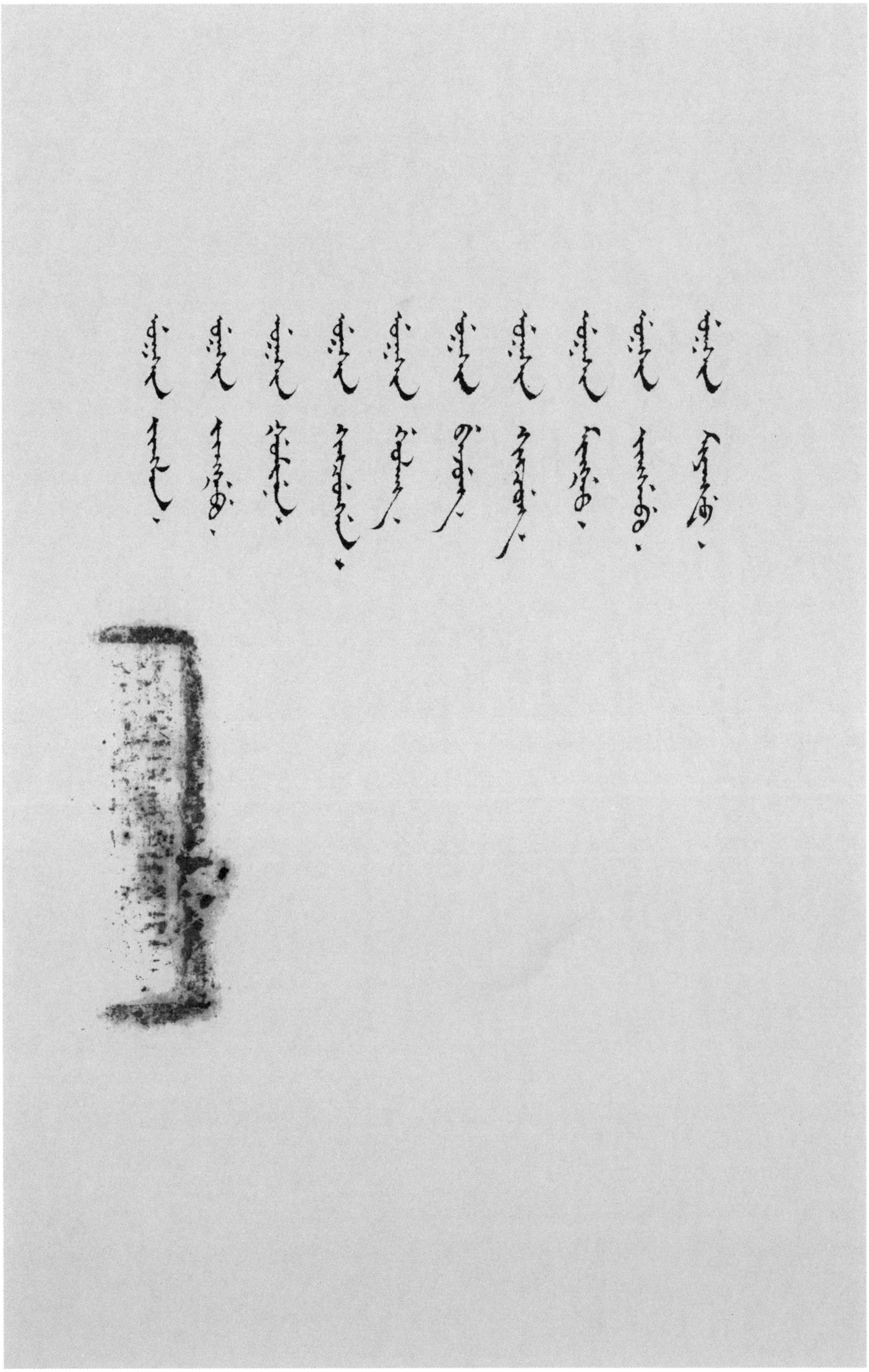

ᡠᡴᠰᡳᠨ [illegible]

ᡠᡴᠰᡳᠨ [illegible]

ᡠᡴᠰᡳᠨ [illegible]

ᡠᡴᠰᡳᠨ [illegible]

ᡠᡴᠰᡳᠨ [illegible]

ᡠᡴᠰᡳᠨ [illegible]

ᡠᡴᠰᡳᠨ [illegible]

ᡠᡴᠰᡳᠨ [illegible]

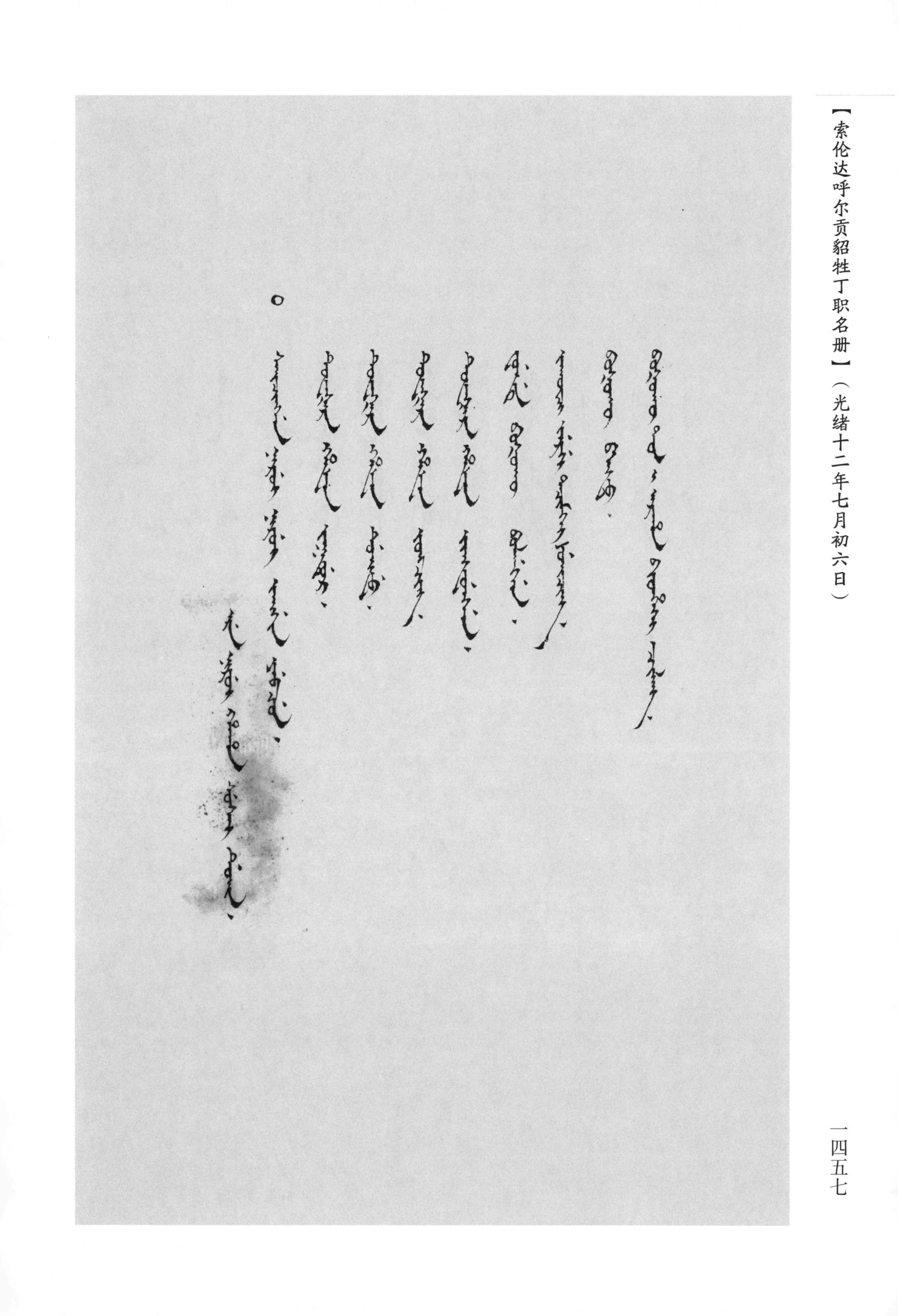

ᠪᠣᡧᠣᡴᡡ [illegible]

ᠪᠣᡧᠣᡴᡡ [illegible]

ᠪᠣᡧᠣᡴᡡ [illegible]

ᠵᠠᠩᡤᡳᠨ [illegible]

ᠵᠠᠩᡤᡳᠨ [illegible]

ᠵᠠᠩᡤᡳᠨ [illegible]

ᠵᠠᠩᡤᡳᠨ [illegible]

ᠵᠠᠩᡤᡳᠨ [illegible]

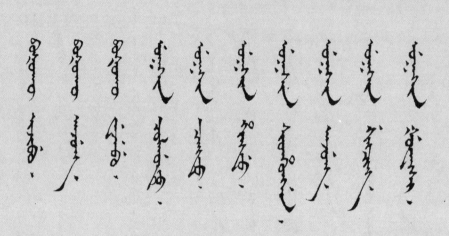

ᡠᡴᠰᡳᠨ [illegible]

ᡠᡴᠰᡳᠨ [illegible]

ᡠᡴᠰᡳᠨ [illegible]

ᡠᡴᠰᡳᠨ [illegible]

ᡠᡴᠰᡳᠨ [illegible]

ᡠᡴᠰᡳᠨ [illegible]

ᡠᡴᠰᡳᠨ [illegible]

ᡠᡴᠰᡳᠨ [illegible]

ᡠᡴᠰᡳᠨ [illegible]

ᡠᡴᠰᡳᠨ [illegible]

ᡤᡡᠰᡳᠨ ᡝᠮᡠ
ᡤᡡᠰᡳᠨ ᠵᡠᠸᡝ
ᡤᡡᠰᡳᠨ ᡳᠯᠠᠨ
ᡤᡡᠰᡳᠨ ᡩᡠᡳᠨ
ᡤᡡᠰᡳᠨ ᠰᡠᠨᠵᠠ
ᡤᡡᠰᡳᠨ ᠨᡳᠩᡤᡠᠨ
ᡤᡡᠰᡳᠨ ᠨᠠᡩᠠᠨ
ᡤᡡᠰᡳᠨ ᠵᠠᡴᡡᠨ
ᡤᡡᠰᡳᠨ ᡠᠶᡠᠨ

[illegible]

[illegible]

[illegible]

[illegible]

[illegible]

[illegible]

[illegible]

[illegible]

[illegible]

[illegible]

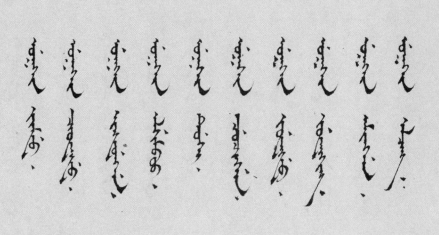

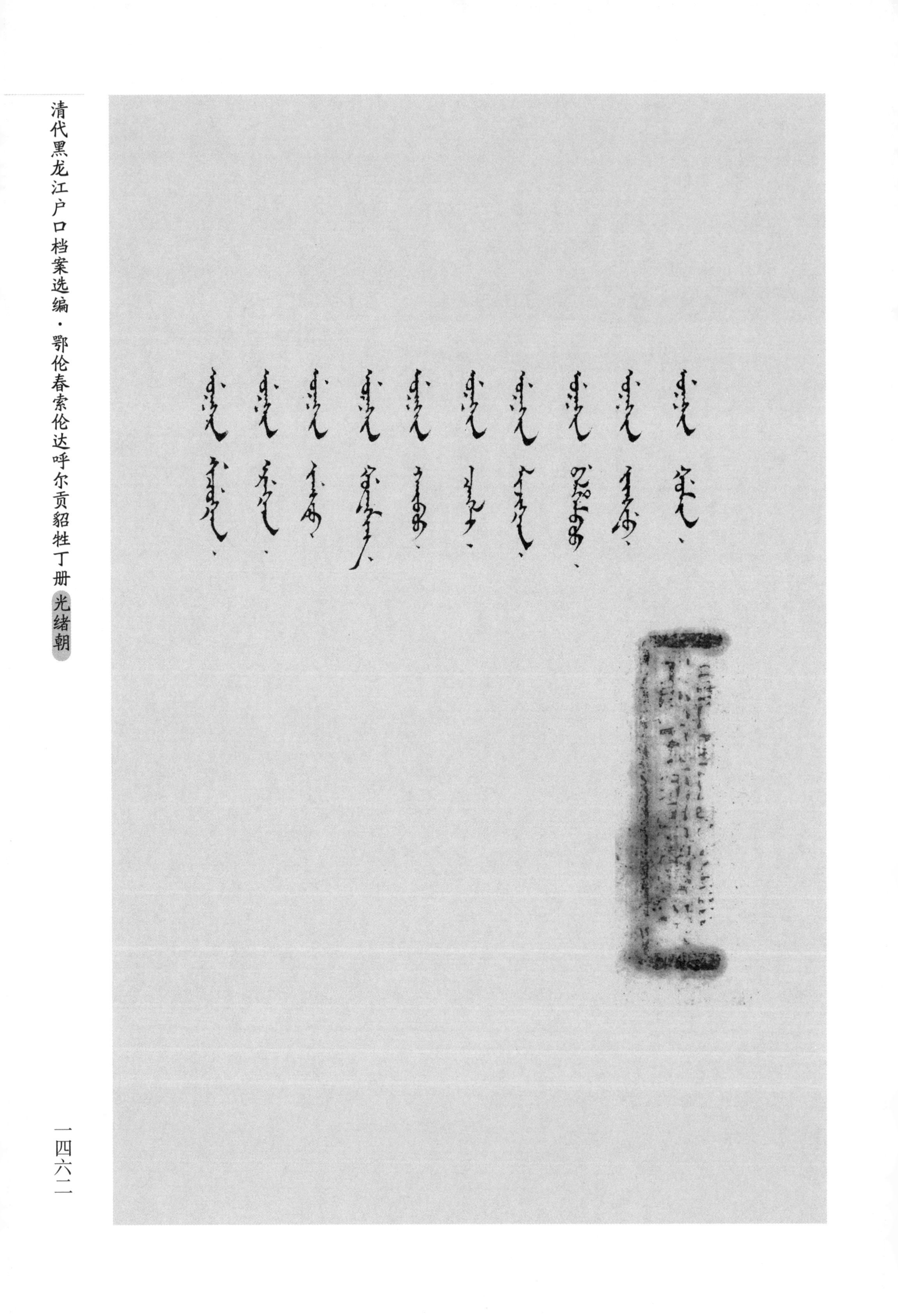

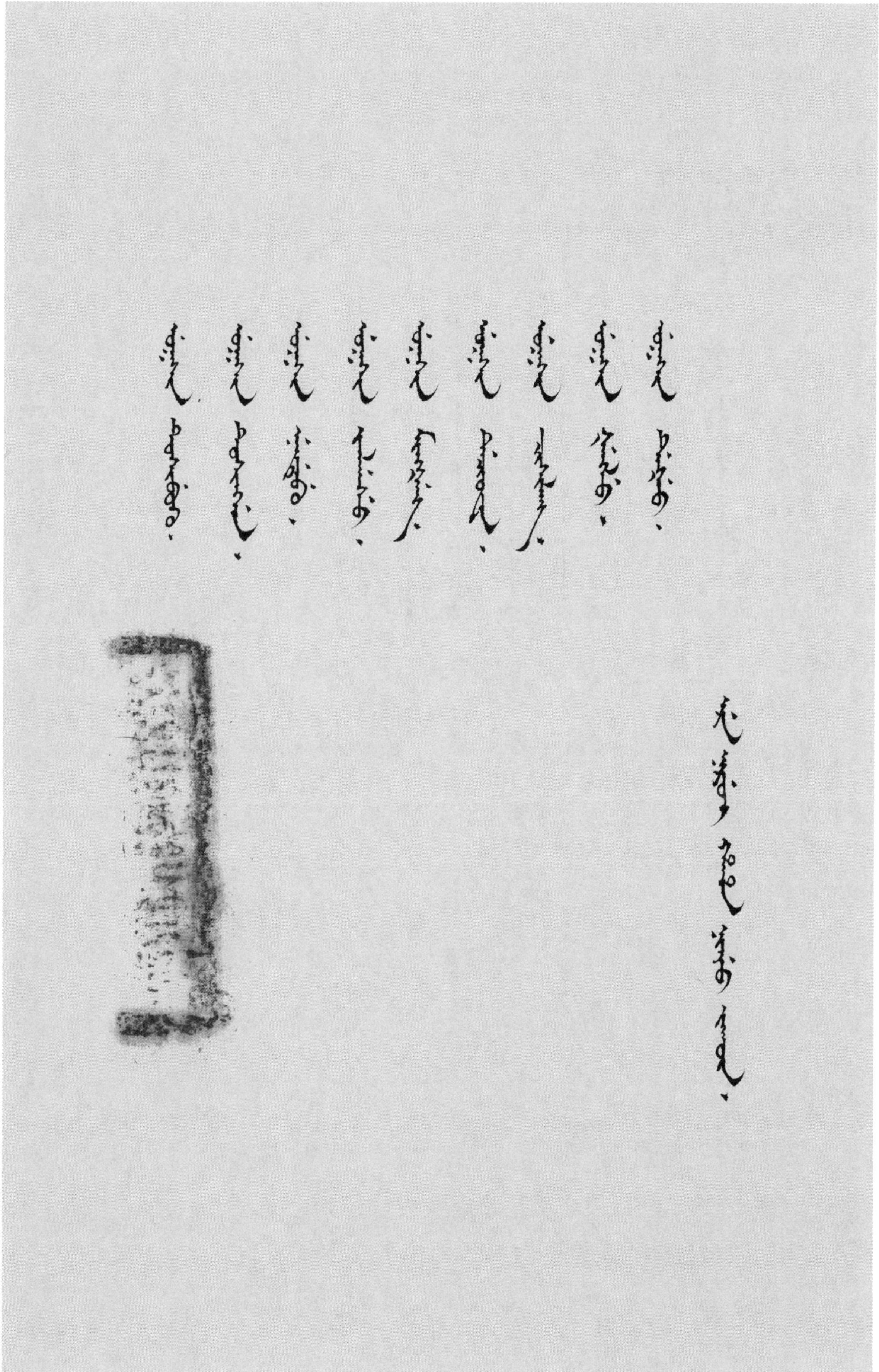

[illegible] [illegible]
[illegible] [illegible]
ᡠᡴᠰᡳᠨ [illegible] [illegible] [illegible]
ᡠᡴᠰᡳᠨ [illegible] [illegible] [illegible]
ᡠᡴᠰᡳᠨ [illegible] [illegible] [illegible]
ᡠᡴᠰᡳᠨ [illegible] [illegible] [illegible]
[illegible] [illegible] [illegible]
[illegible] [illegible] [illegible]
○ [illegible] [illegible] [illegible] [illegible] [illegible]

ᠪᠣᡧᠣᡴᡡ ᠰᡠᠩᡤᠣ᠈

ᠪᠣᡧᠣᡴᡡ ᠰᡝᠩᡤᡝᡵᡳ᠈

ᠪᠣᡧᠣᡴᡡ ᠪᠣᠯᠵᡳᠨ᠈

ᠪᠣᡧᠣᡴᡡ ᠰᡠᠩᡤᠠᡩᠠᡳ᠈

ᡠᡴᠰᡳᠨ ᡨᡝᠩᡤᡝᡵᡳ᠈

ᡠᡴᠰᡳᠨ ᡨᡝᠪᡩᡝᡳ᠈

ᡠᡴᠰᡳᠨ ᠰᡠᠨᡩᠠᡳ᠈

ᡠᡴᠰᡳᠨ ᠰᡝᠩᡩᡝᡳ᠈

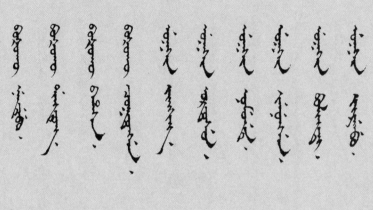

ᡠᡴᠰᡳᠨ ᡤᡝᠪᡧᠣ᠈

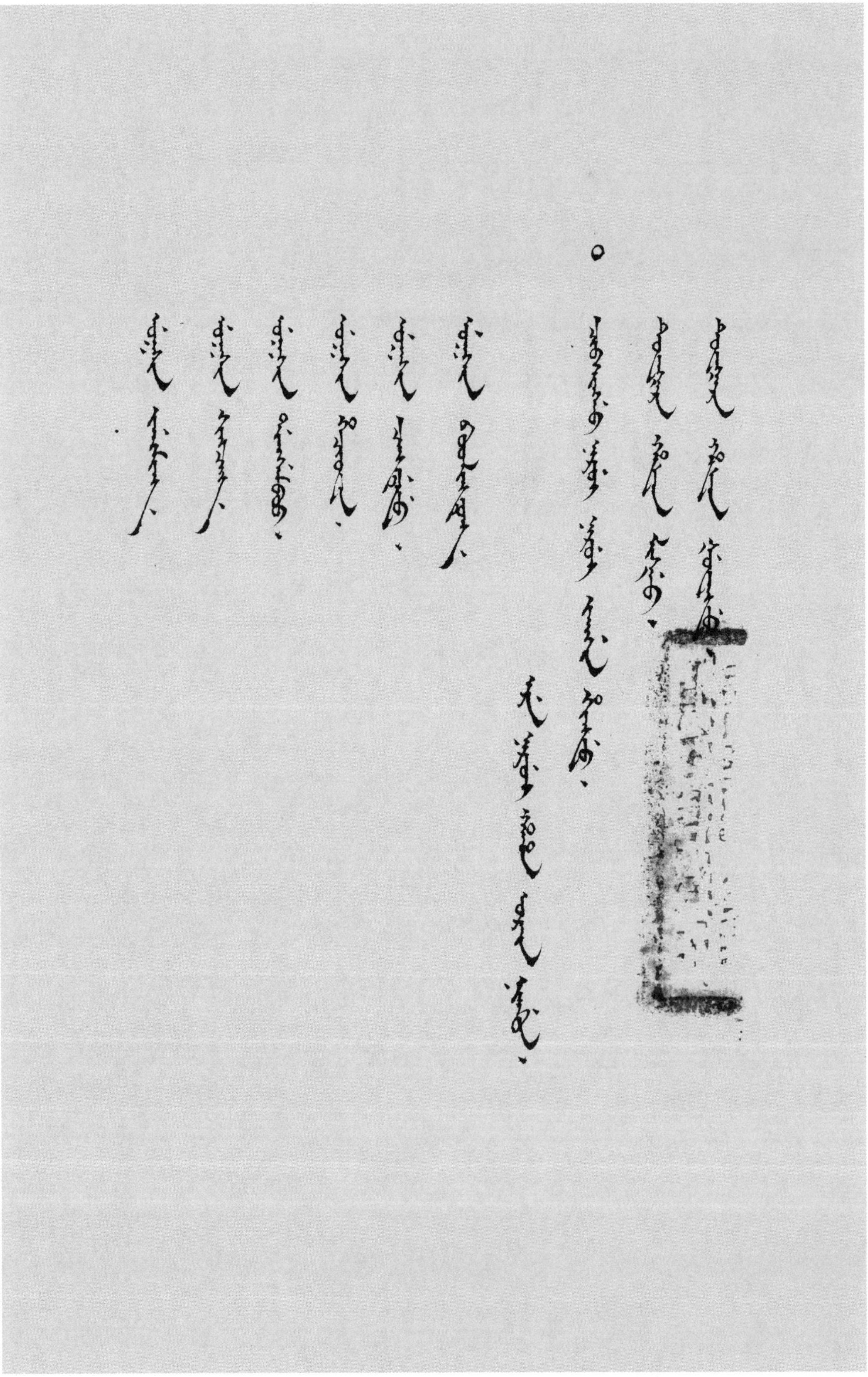

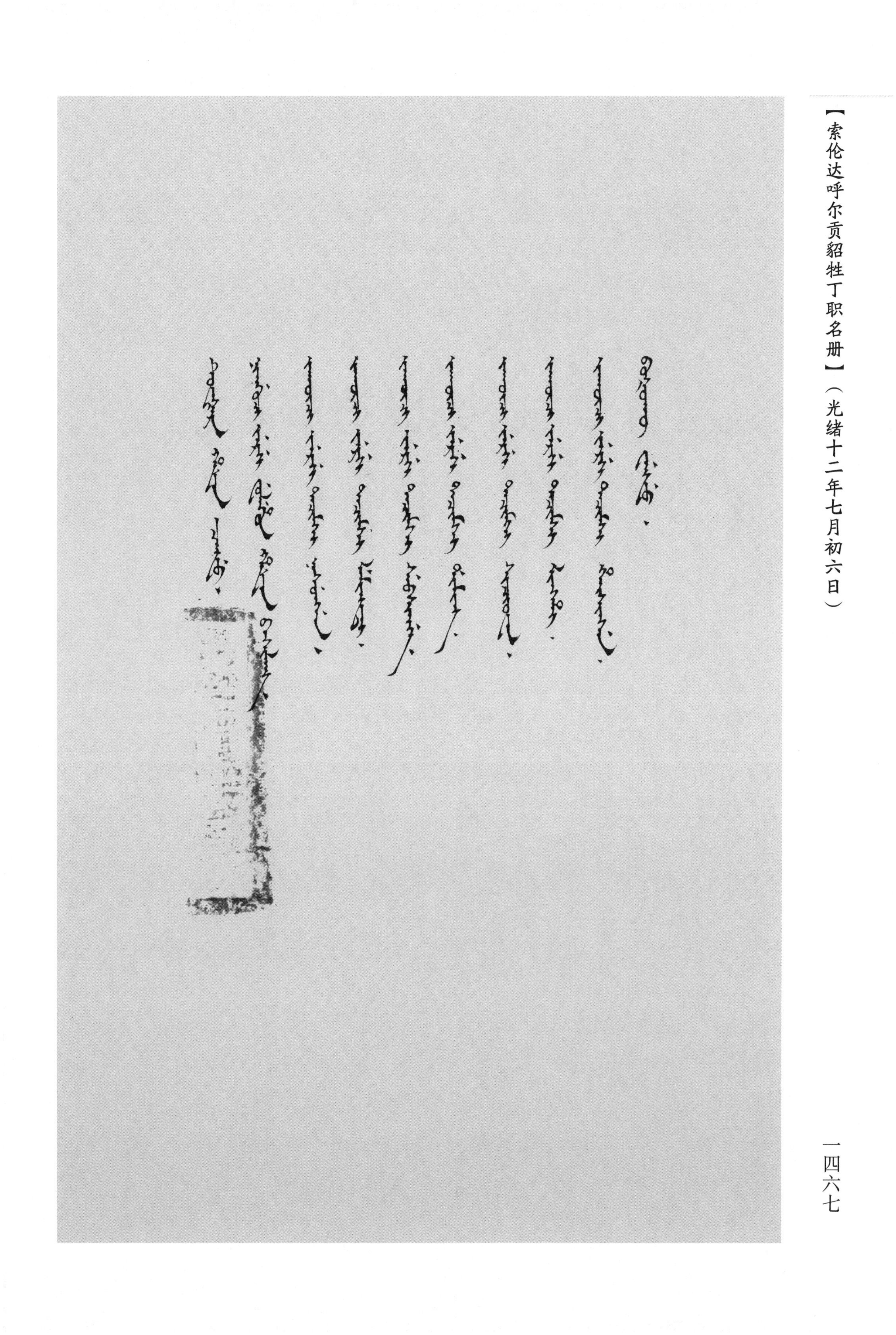

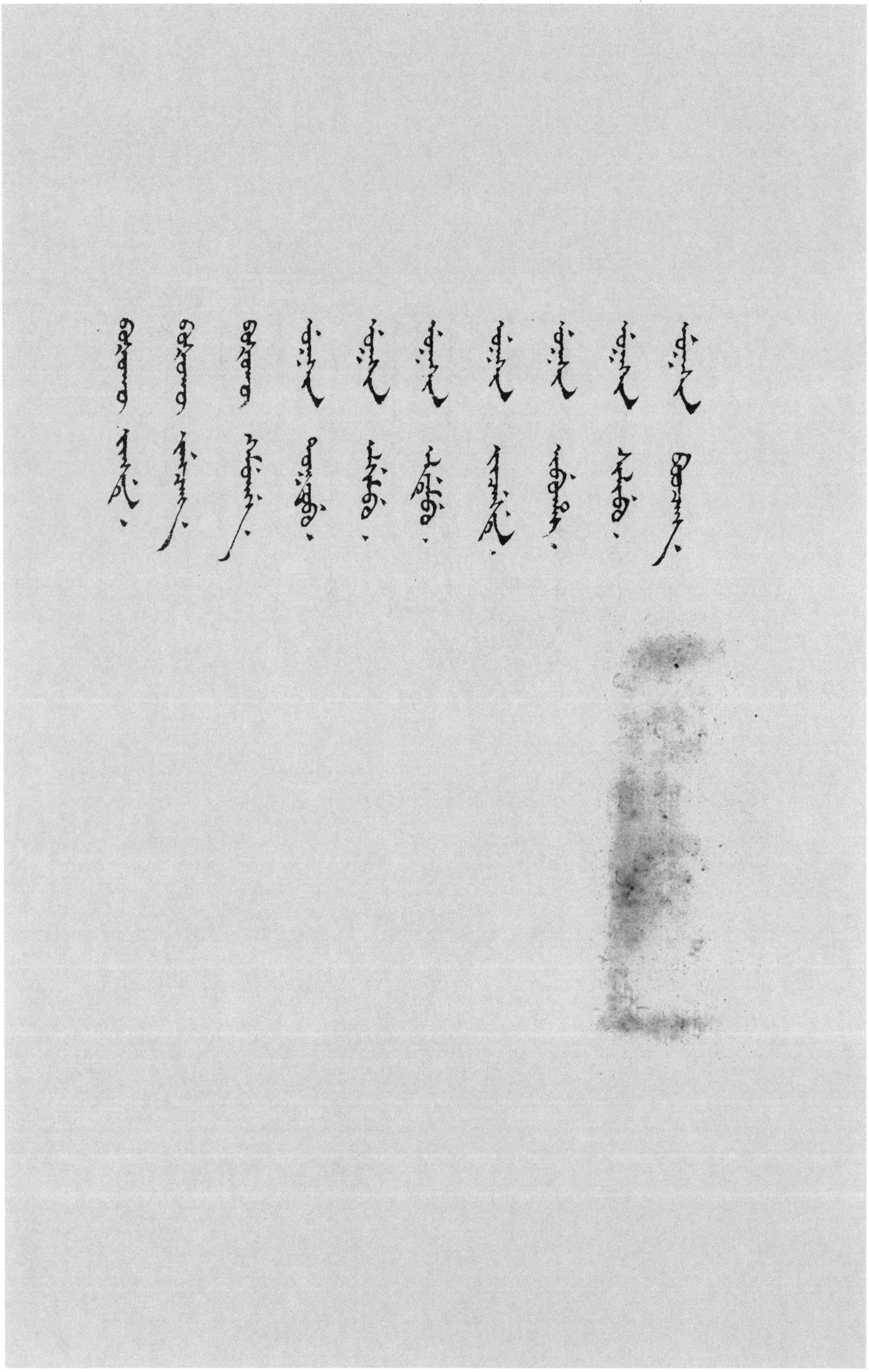

[illegible]

[illegible]

[illegible]

[illegible]

[illegible]

[illegible]

[illegible]

[illegible]

[illegible]

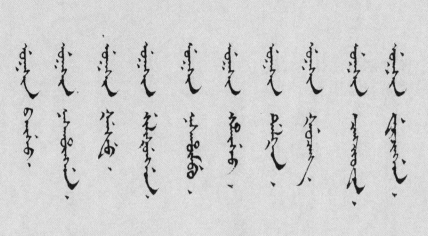

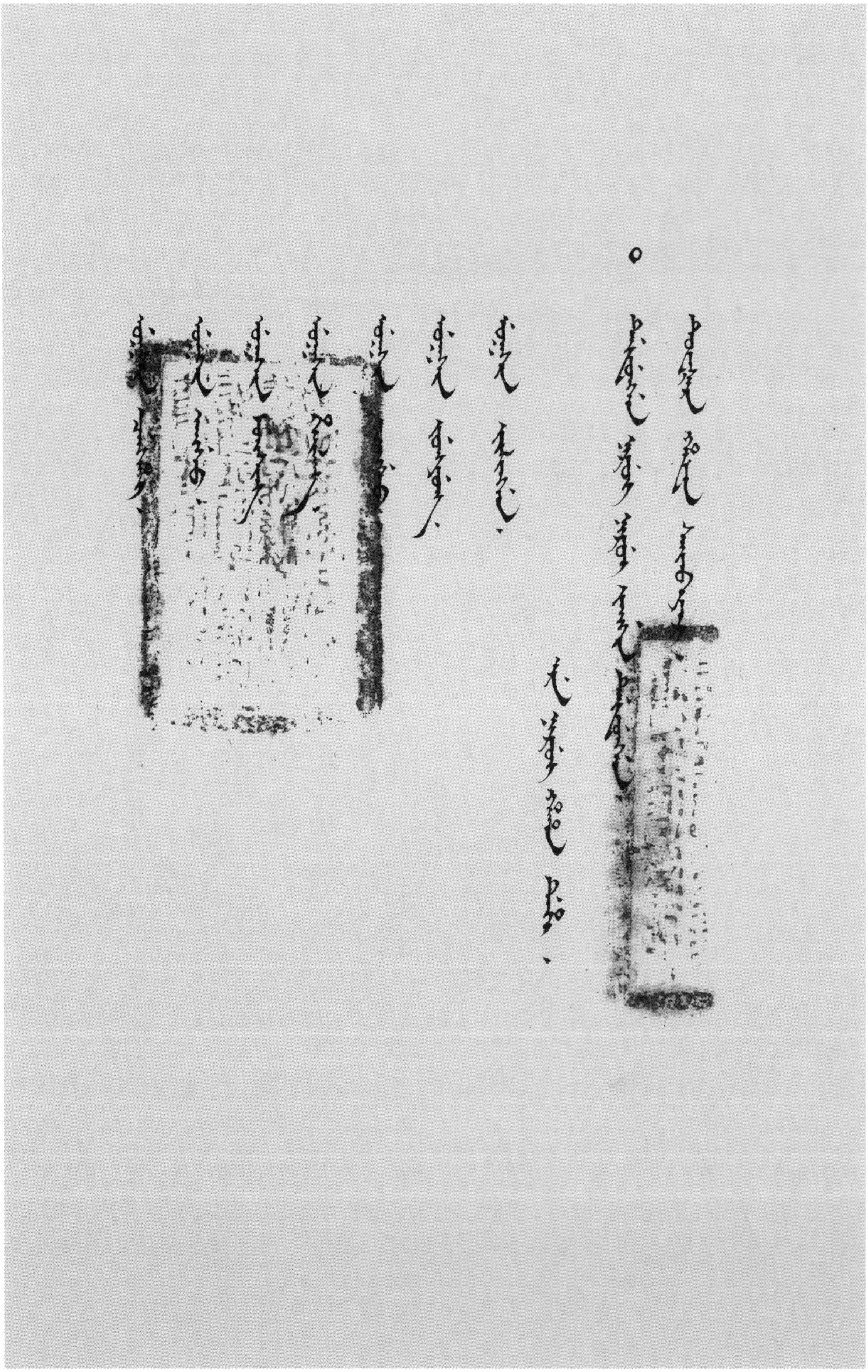

ᠵᠠᠩᡤᡳᠨ [illegible]

ᠵᠠᠩᡤᡳᠨ [illegible]

ᠵᠠᠩᡤᡳᠨ [illegible]

ᠪᠣᡧᠣᡴᡡ [illegible]

ᠪᠣᡧᠣᡴᡡ [illegible]

ᠪᠣᡧᠣᡴᡡ [illegible]

ᠪᠣᡧᠣᡴᡡ [illegible]

ᠪᠣᡧᠣᡴᡡ [illegible]

[illegible]

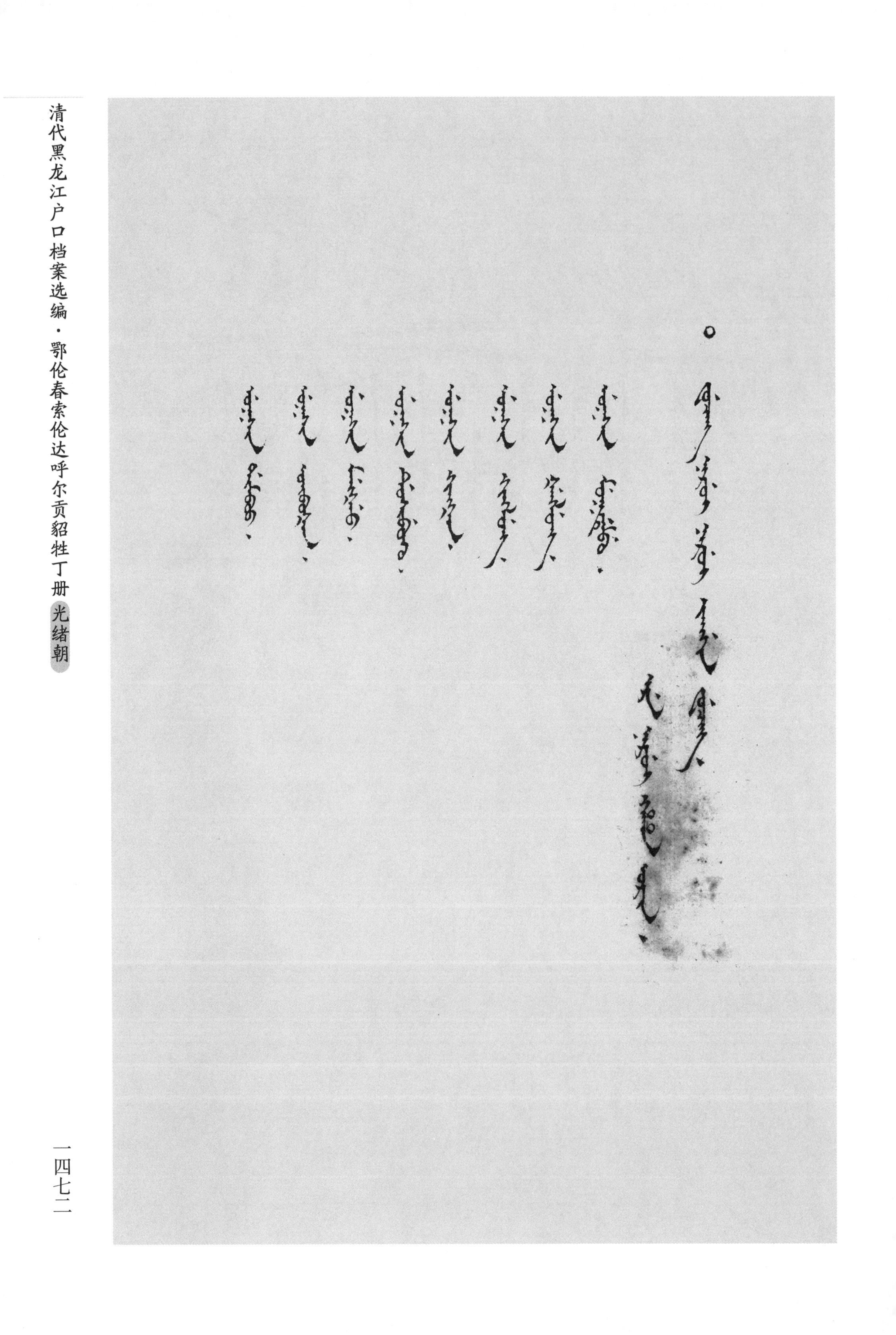

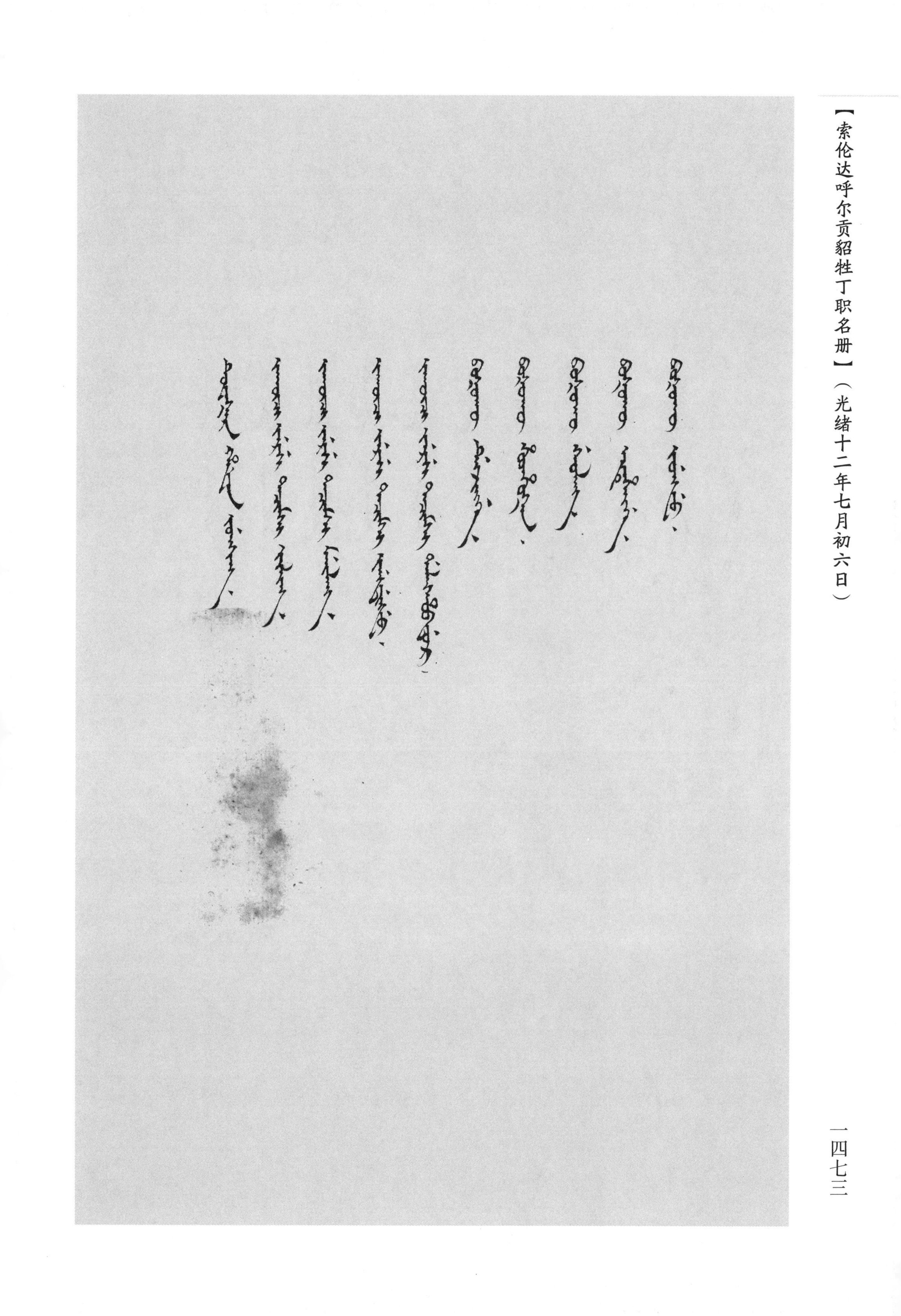

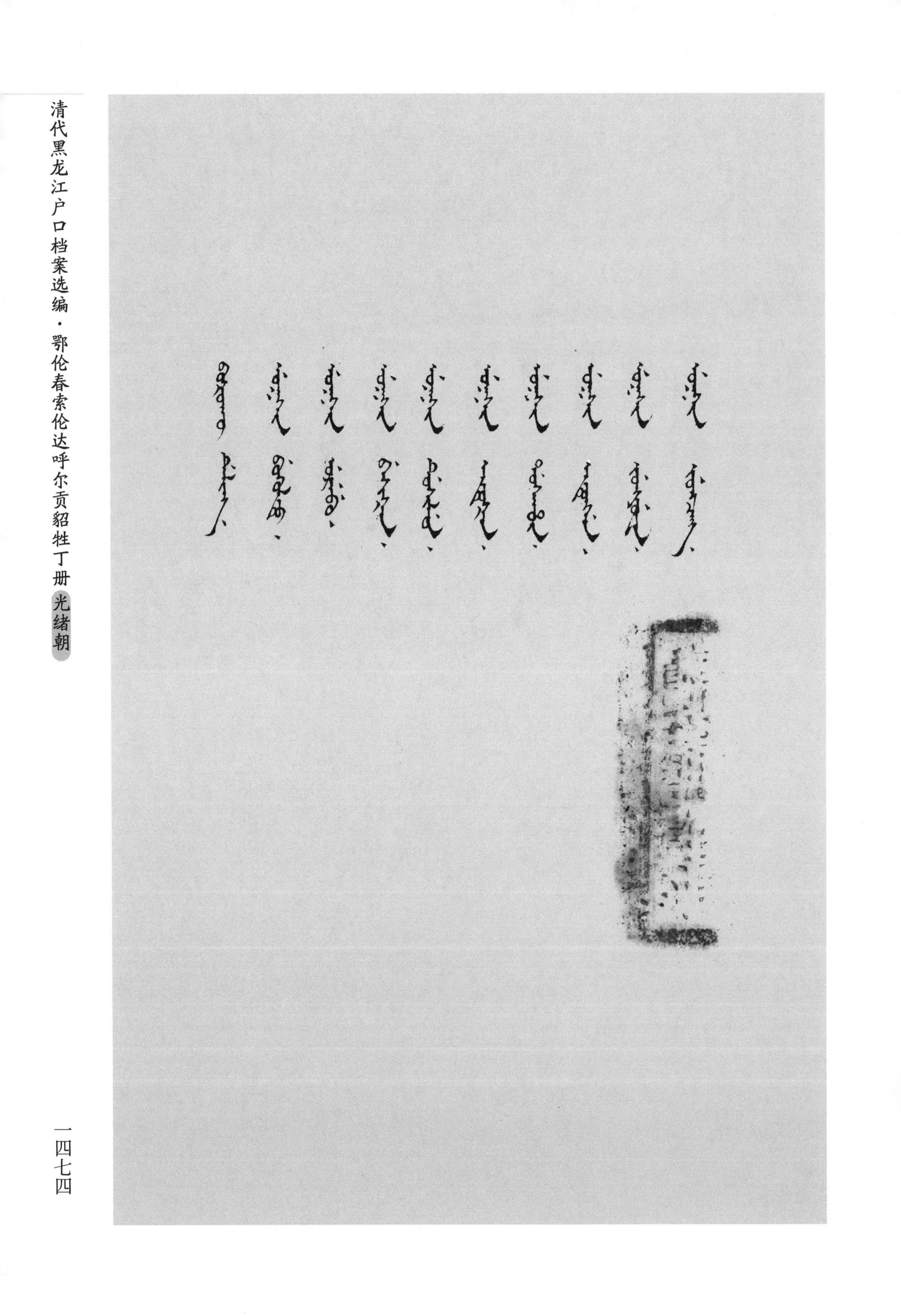

[illegible]

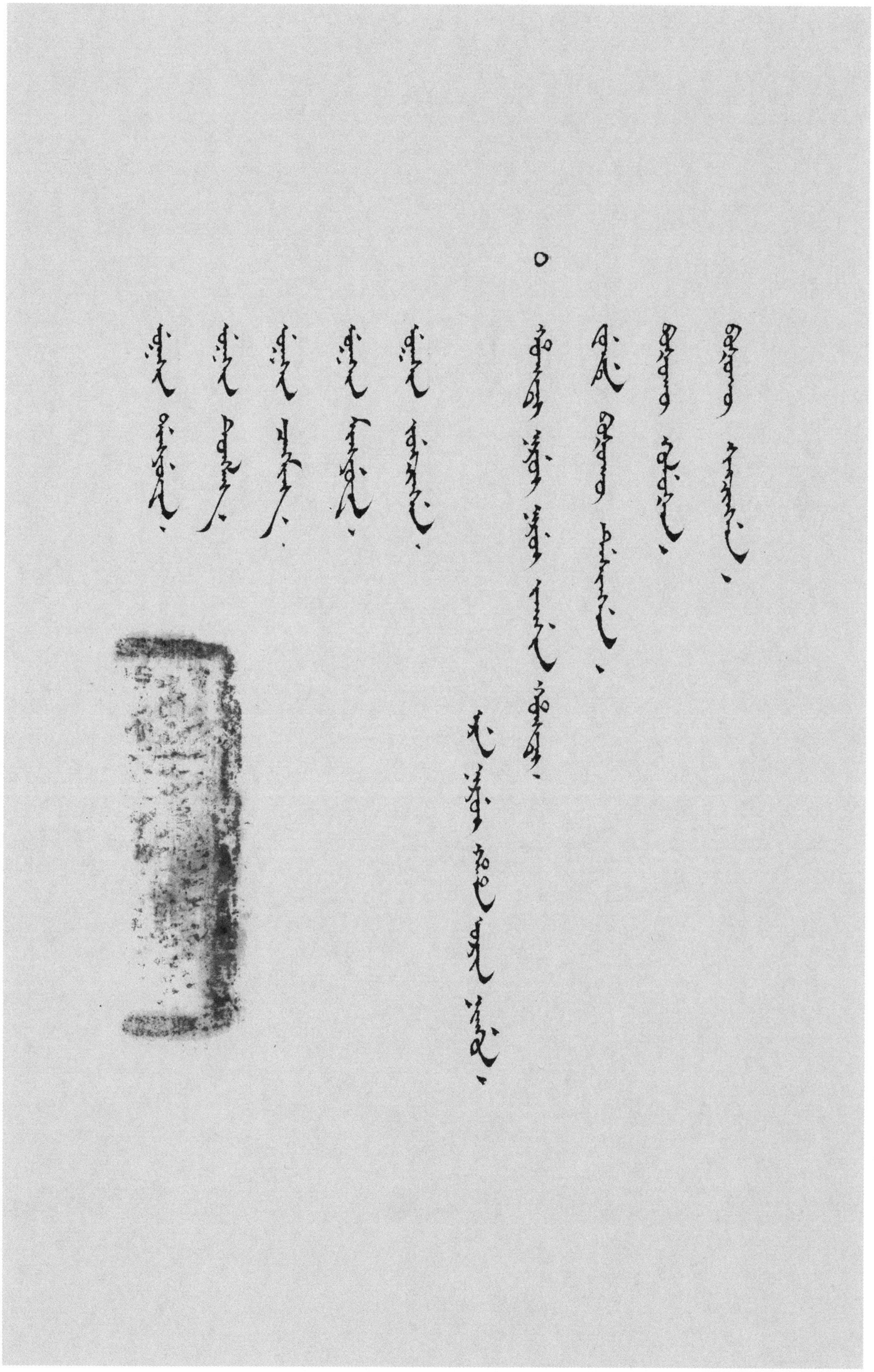

ᠰᡠᠯᠠ [illegible]

ᠰᡠᠯᠠ [illegible]

ᠰᡠᠯᠠ [illegible]

ᠰᡠᠯᠠ [illegible]

ᠰᡠᠯᠠ [illegible]

ᠰᡠᠯᠠ [illegible]

ᠰᡠᠯᠠ [illegible]

ᡠᡴᠰᡳᠨ [illegible]

ᡠᡴᠰᡳᠨ [illegible]

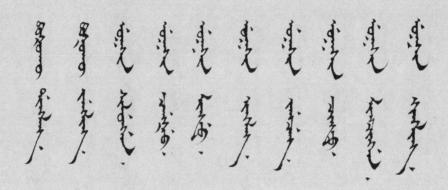

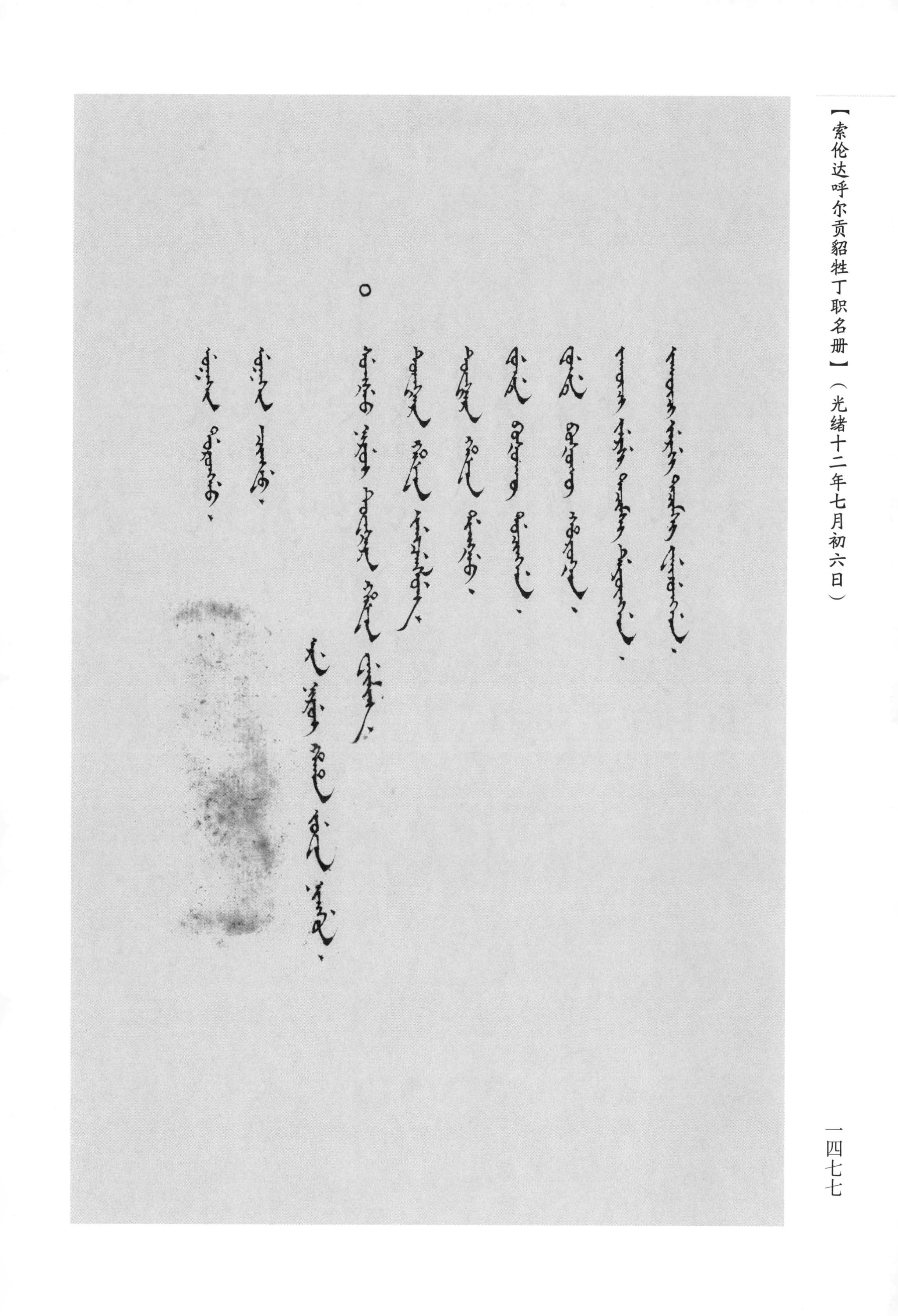

[illegible]

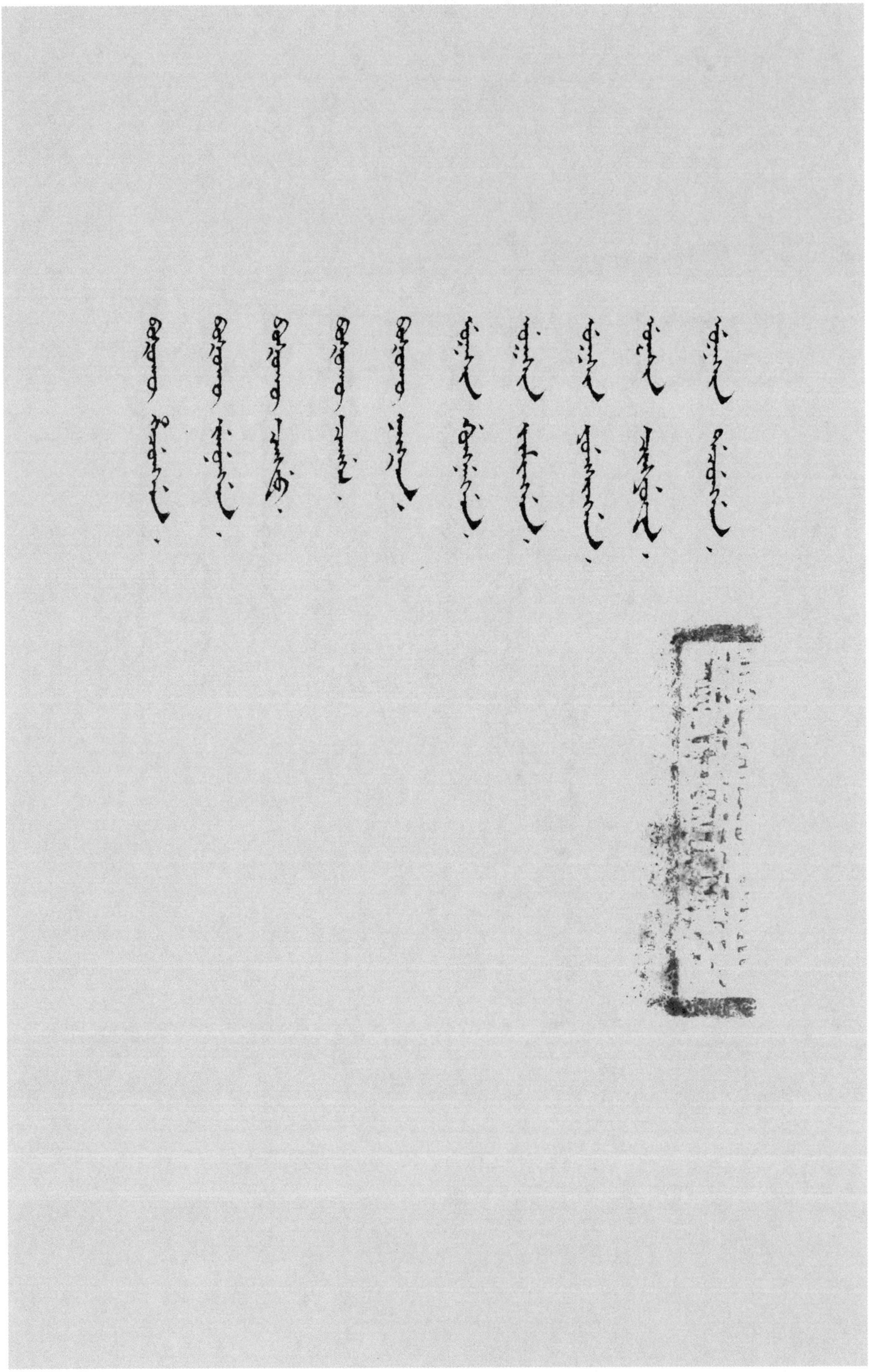

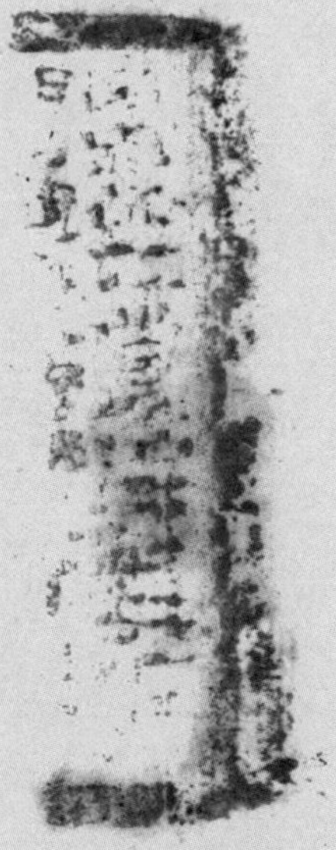

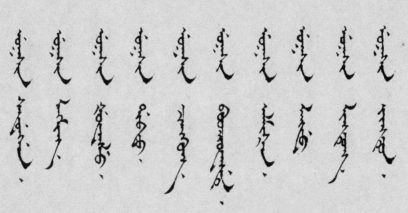

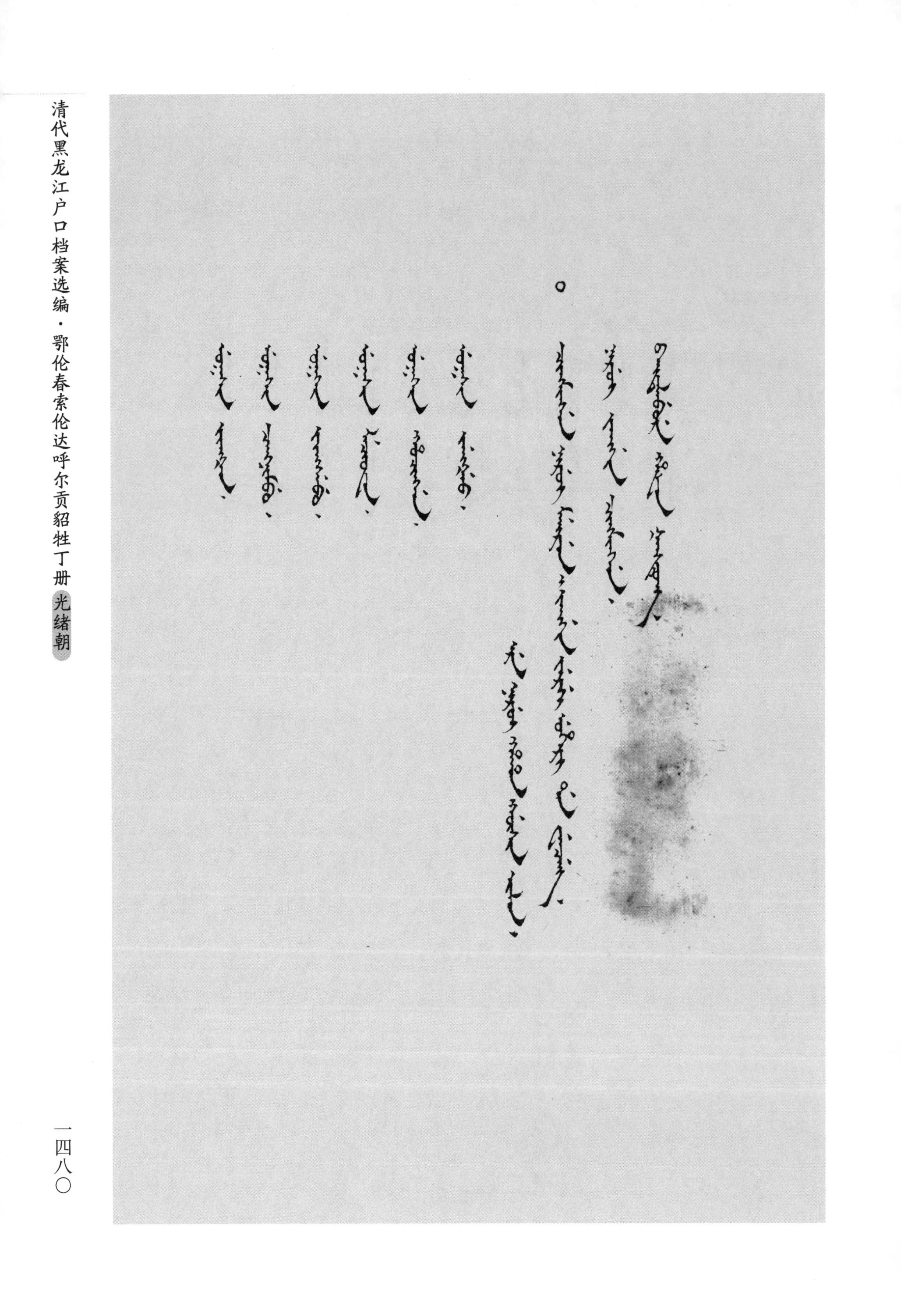

[illegible]

[illegible]

[illegible]

[illegible]

[illegible]

[illegible]

[illegible]

[illegible]

[illegible]

[illegible]

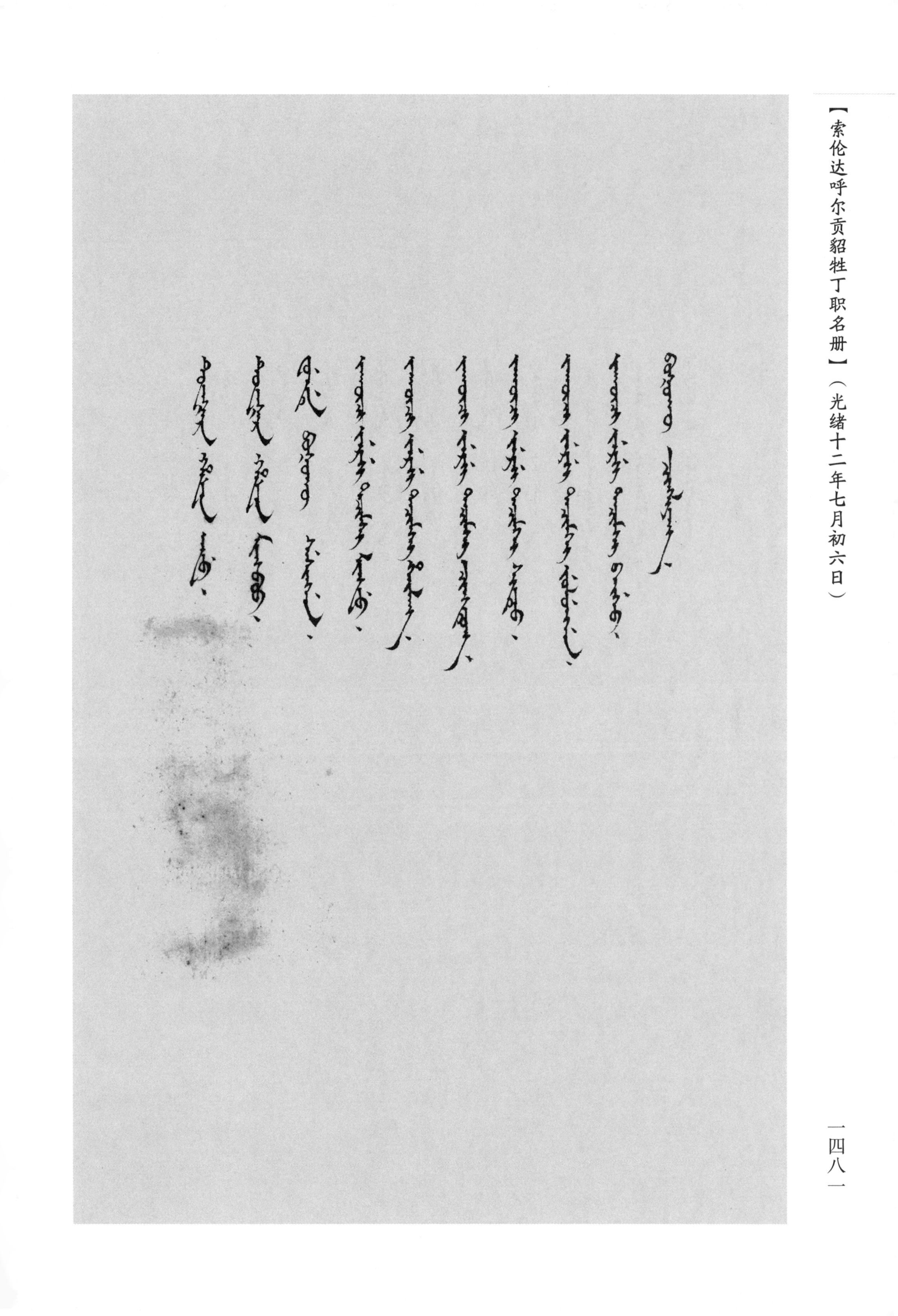

ᠪᠣᡧᠣᡴᡡ [illegible]
ᠪᠣᡧᠣᡴᡡ [illegible]
ᠪᠣᡧᠣᡴᡡ [illegible]
ᠪᠣᡧᠣᡴᡡ [illegible]
ᡠᡴᠰᡳᠨ [illegible]
ᡠᡴᠰᡳᠨ [illegible]
ᡠᡴᠰᡳᠨ [illegible]
ᡠᡴᠰᡳᠨ [illegible]
ᡠᡴᠰᡳᠨ [illegible]